Meine Zeit mit mir

DÖRTHE BINKERT

Meine Zeit mit mir

Das Buch der kleinen weiblichen Rituale

MARION VON SCHRÖDER

INHALT

INHALT

Mehr Zeit für mich – der Traum von der „eigenen" Zeit

enn ich wieder einmal Zeit für mich hätte..." Allein der Gedanke entspannt die Gesichter. Nicht erst seit Virginia Woolf sind Frauen auf der Suche nach dem „Zimmer für sich allein". Momente der Ruhe für sich und mit sich allein zu haben – das wünschen sich alle Frauen. Sie füllen diese kostbaren Augenblicke gern mit Ritualen der Selbstverwöhnung: Frühstück im Bett mit Zeitung lesen, der rituelle Gang in die Sauna, Kino am Nachmittag, Schönheitsstunden im Bad, Tagebuch schreiben ...

Offensichtlich wissen Frauen mit ihrer Zeit viel anzufangen – jede, die ich darauf ansprach, wusste ohne langes Nachdenken eine Antwort auf die Frage „Was machst du gern, wenn du allein bist und Zeit für dich hast?"

Frauen sind Meisterinnen des kreativen Alltags, begabt im Schaffen von Ritualen, die Entspannung und Wohlbefinden erzeugen. Manchmal vergessen sie das über dem Wunsch nach Zweisamkeit, wenn sie Singles sind, oder über dem Alltagstrott, der hektisch und langweilig zugleich ist, wenn sie Familie haben.

Aber da ist sie: die weibliche Fähigkeit, mit einfachsten Hilfsmitteln Frust und schlechte Laune zu vertreiben und aus kleinen Dingen und Annehmlichkeiten ein Fest zu machen.

Vieles, was hier beschrieben wird, klingt selbstverständlich und bekannt. Aber vieles tun wir auch, ohne es noch bewusst wahrzunehmen und so zu genießen, wie es möglich wäre. Dieses Buch will in Erinnerung rufen, wie kostbar die „Zeit mit sich allein" ist, und dazu anregen, vielleicht neben den eigenen noch das eine oder andere der „Rituale" auszuprobieren, die hier beschrieben werden – und natürlich neue zu erfinden.

Vor allem aber wollen die folgenden Seiten die bemerkenswerte weibliche Fähigkeit, sich selbst am Zopf aus dem Sumpf zu ziehen, und die kleinen großen Freuden der Zeit mit sich allein beschwören.

1

My home is my castle – die schönen Stunden allein zu Hause

Frauen wohnen gern. Ich habe noch nie eine Frau sagen hören: „Mir ist es völlig gleich, wie ich wohne, ich habe sowieso keine Beziehung zu dem Ort, an dem ich lebe". Ganz gleich, wie groß das Zimmer, die Wohnung, das Haus: Frauen erschaffen sich dort ihren ganz eigenen Ort der Geborgenheit. Kein möbliertes Zimmer, keine kahle Nullachtfünfzehn-Wohnung, die nicht mit einem besonderen Bettüberwurf, einem alten Lieblingssessel oder Bildern gezwungen werden könnte, etwas von uns anzunehmen, etwas von uns auszudrücken.

Der Ort, an dem wir wohnen, soll uns willkommen heißen, wenn wir heim-kommen, er soll uns vertraut sein wie ein bequemer alter Schuh, ein gelieb-tes Kleidungsstück, von dem wir uns nicht trennen können. Er soll uns mit dem umgeben, was wir lieben und zum Wohlfühlen brauchen. Unser Zuhause spiegelt aber auch unseren Stil, unseren Geschmack und zu einem guten Teil auch unseren Charakter. Kühl, modisch, elegant; verspielt, gemütlich, kuschelig; repräsentativ, üppig und barock – unsere Wohnung zeigt uns so, wie wir uns selber sehen oder gerne gesehen werden möchten, sie ist Teil unserer Selbstdarstellung, aber auch Teil unseres wirklichen Selbst. Unsere Wohnung wird unter unseren Händen so unverwechselbar und individuell, wie wir selber sind.

Ein solches Zuhause lädt ein. In erster Linie uns selbst. Deshalb ist das Zuhause ein wunderbar geeigneter Ort für die Zeit mit sich allein. Viele Rituale der Selbstverwöhnung lassen sich hier feiern. Momente der Ent-spannung, der Ruhe, des Auftankens, des Rückzugs und der Konzentration auf sich selbst.

Rituale leben nicht von der Einmaligkeit, dem immer neuen, immer spektakuläreren „event", sondern von der Wiederholung. Sie sind tröstlich, weil sie einen Fixpunkt in unserem Leben darstellen, etwas, woran wir uns halten können, weil wir die Erfahrung gemacht haben: Das tut uns gut. Jedesmal wieder.

Es ist inzwischen eine Binsenwahrheit: Unser Alltag ist schnell geworden. Mobilität, Flexibilität, Anpassungsbereitschaft, lebenslanges Lernen sind Schlagworte, die uns klar machen: Wir müssen uns immer öfter und in immer kürzeren Abständen an Neues gewöhnen, bereit sein, Altes und einmal Erworbenes und Erlerntes über Bord zu werfen. Das ist spannend, aber auch ermüdend. Das Leben inmitten des Flusses der ständigen Veränderung ist anstrengend. Rituale dagegen entspannen – wenn sie nicht einfach beibehaltene Gewohnheiten aus muffigen alten Traditionen sind, in die wir einmal hineingezwungen wurden. Dank unserer Lieblingsrituale vergewissern wir uns unserer selbst: Wir verändern uns, unser Leben verändert sich, aber wir sind und bleiben doch wir selbst.

Lieblingsrituale müssen nicht immer gleich ablaufen; sie bleiben gerade dann lebendig und erholsam, wenn wir sie in Variationen spielen und mit Fantasie abwandeln, wenn wir sie in abgekürzter Form ebenso genießen können wie in der XL-Version. Das Ritual soll uns stützen, nicht aber ein Korsett anlegen! Auch unsere Gemütsverfassung, die Stimmung, in der wir einem Ritual frönen, ist ja nicht immer gleich.

GEBORGENHEIT PUR:
DAS FRÜHSTÜCK IM BETT

Das Frühstück ist schon ein Ritual ganz ohne besonderes Zutun. Es begleitet uns durch den Alltag, ein ganzes Leben lang, verleiht dem Tag Struktur und uns den ersten tröstlichen Halt.

In südlichen Ländern wird nicht groß gefrühstückt. Man geht auf dem Weg zur Arbeit in die Bar und trinkt einen Kaffee, isst ein Croissant dazu oder auch nicht. Und da das Ganze eher beiläufig geschieht, auch wenn man „seine" Bar hat, ist das Frühstück dort zu unbedeutend, um den Namen Ritual zu verdienen.

Bei uns ist das anders. In Gegenden, wo ein blauer Himmel nicht eben selbstverständlich ist, wo die Winter grau, unfreundlich und kalt sind, braucht es am Morgen schon etwas mehr, um sich dazu zu bringen, den neuen Tag voller Energie anzupacken. Es braucht den Duft des Kaffees in der Wohnung, die Zeremonie des Teekochens, das Müsli, den Orangensaft, damit wir einigermaßen zuversichtlich das beginnen, was uns heute abverlangt wird.

Das ganz normale Frühstück ist also für die meisten Menschen ein wichtiges Ritual. Doch hier soll es um die lustvollen Verfeinerungen gehen, um das besondere Frühstück, mit dem Frauen sich verwöhnen, wenn sie allein sind und viel, viel Zeit haben ...

So schön das gemeinsame Sonntags- oder Ferienfrühstück mit der Familie sein mag – Frauen geraten ins Schwärmen, wenn sie danach befragt werden, wie sie alleine am liebsten frühstücken.

Da ist einmal das Frühstück im Bett. Eine königliche Angelegenheit, wenn man es richtig macht. Und richtig macht man es, wenn man Diener und Königin gleichzeitig spielt und sich selbst bedient als sei man Elizabeth I. Zuerst müssen die Kissen schön aufgeschüttelt werden. (Steht das Bett so, dass Sie sich mit dem Rücken an der Wand anlehnen können? Dann empfehlen sich große Kissen, die die Kühle der Wand abhalten und gegen die dann erst das Kopfkissen gelehnt wird wie in einem Prinzessinnenbett.) Viele Kissen sind das A und O des Verwöhngefühls im Bett! Dann wird das Fenster weit geöffnet und die Decke wird zurückgeschlagen, damit das Bett auch frische Luft bekommt. Ich schlage mir die Decke auf wie im Luxushotel: mit einer Ecke, als hielte sie mir jemand zum Hineinschlüpfen auf. Während das Bett einmal gut durchatmet, prüfe ich das Wetter. Ist es freundlich, ziehe ich die Gardinen großzügig zurück und lasse das Licht herein; ist es grau oder fühle ich mich noch schutzbedürftig, öffne ich die Vorhänge nur einen Spalt und entscheide mich für die Dämmerversion.

Dann kann man sich in der Küche zubereiten, was das Herz begehrt. Endlich kann ich mir alles so anrichten, wie ich es mir im Hotel wünschen würde: kein liebloses Büffett mit eingelegten Pflaumen für die Verdauung und einer fantasielosen Aufschnittplatte mit ärmlicher Petersiliengarnitur, sondern ein Tablett ganz für mich allein, ausgelegt mit einer frischen, gestärkten Stoffserviette, bestückt mit meiner Lieblingstasse (dunkelgrün im französischen Bistrostil), der hausgemachten Marmelade vom Markt (die noch edler aussieht, wenn sie in einem kleinen Schälchen angerichtet wird), dem Frühstücksei, einem Stück Butter (nicht die ganze Packung!), schäumend heißer Milch und einem Kaffee, der besser schmeckt als alles, was in den meisten Hotels in Thermoskannen vor sich hin dümpelt.

Bin ich sehr verwöhnungsbedürftig, lege ich noch eine Blume dazu (wozu hat man eine Blumenkiste vor dem Küchenfenster?). Und dann serviere ich mir das Ganze zusammen mit der Zeitung (ungebügelt, ich gebe es zu).

Das Bett ist frisch, kühl und einladend, der Toast goldbraun und gar

nicht wie Gummi, der Schinken rosig und so dünn geschnitten, wie ich das mag, und mit der Fernbedienung verschaffe ich mir die passende Hintergrundmusik: Der Tag kann beginnen!

Dass wir eine Gewohnheit als angenehm und gemütlich empfinden, hat oft etwas mit der Kindheit und Kindheitserinnerungen zu tun. Oft haben Lieblingsrituale ihre Wurzeln in Beschäftigungen, die wir schon als Kinder liebten. Manchmal übernehmen wir aber erst viel später – und meist unbewusst – Angewohnheiten unserer Eltern, die wir als Kinder gar nicht schätzten. Was damals absolut öde und langweilig schien, wird plötzlich zu unserem eigenen Vergnügen – und zum Missvergnügen unserer maulenden, die Augen zum Himmel verdrehenden Kinder.

So war es für mich mit dem Spazierengehen im Wald. Jeden Sonntag stand mein Vater zeitig auf, stellte sich ans Fenster der Mansardenwohnung und sah nach dem Wetter. Ich lag währenddessen, fest in die Bettdecke eingewickelt, in meinem Bett und betete um schlechtes Wetter. Regen bedeutete die spannende, ausführliche Lektüre der „Hör Zu" und anderer Blätter, die wir bei meiner Mutter nicht abonniert hatten (ich verbrachte nur die Ferien bei meinem Vater) und der extra für mich gesammelten Mecki-Fortsetzungsbildergeschichten, graues Wetter einen kleineren Spaziergang, gutes Wetter eine Wanderung, die Stunden dauern konnte. Wenigstens liebte mein Vater Tucholskys „Wirtshaus im Spessart": Zum Wandern gehörte Gottseidank das Einkehren in einem Wirtshaus.

Das hielt mich und meine Stimmung über Wasser, der Gedanke an das belegte Brot mit Schweizerkäse, das ich dann essen würde: eine große Scheibe Graubrot, dick mit Butter bestrichen und darauf der Löcherkäse, als Garnitur zwei sich kreuzende Salzstangen und ein Stück saure Gurke oder Tomate. Herrlich! Wenn ich ehrlich bin, war das Wandern nur am Anfang schlimm, weil der Wald schon immer eine Zauberwelt für mich war, in der ich mich und meine Füße schon bald vergaß.

Mit dem Frühstücken im Bett war es anders. Das liebte ich schon immer. Es geht zurück auf die glückliche Zeit meines Lebens, als ich – damals ein sehr kleines Mädchen – in den frühen fünfziger Jahren bei meiner Tante lebte. Geld hatten wir keins. Trotzdem war die Wohnung an der Mümlingstraße in Oberrad mein Paradies. Denn Kinderbedürfnisse galten dort etwas. Meine Cousine Gabi und ich bewohnten das sogenannte „Mittelzimmer", in dem es ein richtiges Doppelbett und zwei Nachttischchen gab, in denen unsere beiden Puppen wohnten. Mein Onkel und meine Tante schliefen auf Feldbetten im „großen Zimmer", dem Wohnzimmer, und im ersten Zimmer lebte meine Großmutter, auf deren Schrank die heilige und gehütete Dose mit dem Milchpulver stand.

Manche Sonntage verbrachten wir Kinder ganz und gar im Bett, ins Spiel mit unseren Puppen vertieft, und meine Großmutter servierte uns das ansonsten sehr anspruchslose Essen im Bett. Das war das große Glück. Ge-

borgenheit pur. Und dieses Gefühl schenke ich mir noch heute, wenn ich mir am Sonntagmorgen das Frühstück selbst ins Bett bringe.

Rituale müssen sich aber nicht notwendigerweise aus Familientraditionen entwickeln. Man kann sie auch ganz neu erfinden. Manchmal ist das der beste Weg, um aus einer Unvereinbarkeit mit den Gewohnheiten des Partners das Beste für sich zu machen.

Wenn in einer Beziehung der eine gern lange schläft und auf ein (gemeinsames) Frühstück gut verzichten kann, während der andere ein Frühaufsteher ist und nichts Schöneres kennt als ein ausgedehntes Sonntagmorgenfrühstück; wenn der eine das Frühstücken im Bett als sinnliches Vorspiel für einen Liebesmorgen betrachtet, während der andere Krümel im Bett verabscheut, müssen vielleicht neue Rituale her, um beide zufrieden zu stellen.

Ich habe gelernt, dass es sinnlos ist, Abendmenschen von der Schönheit eines gemeinsamen Frühstücks im Kreis der Familie überzeugen zu wollen. Seit ich das begriffen habe, genieße ich den Sonntagmorgen als die Zeit, die nur mir gehört.

Ich mache mir Kaffee, höre Radio in der Küche, lese Zeitung und hoffe inzwischen, dass keine Besserungsvorsätze vonseiten der andern mir den schönen stillen Morgen verderben werden.

GANZ BEI MIR:
TAGEBUCH SCHREIBEN UND
IDEEN SAMMELN

„Eigene" Zeit ist für die meisten Frauen, besonders wenn sie Familie haben, kostbar – der beste Grund, sie dankbar zu nutzen!

Eine intensive Art, Zeit mit sich zu verbringen, und eine sehr sinnvolle und oft heilsame Form der Konzentration auf die eigenen Gefühle und Bedürfnisse ist das Tagebuchschreiben. Denken und etwas niederschreiben sind zwei sehr verschiedene Dinge – unsere Gedanken springen oft unkontrolliert von einem Inhalt, einem Gefühl zum andern, bauschen sich auf, machen sich wichtig, verwirren und verheddern sich, werden bohrend und quälend und bringen doch keine Klarheit. Sie bleiben im Kopf hängen, das heißt, wir können keinen Abstand zu ihnen gewinnen, und das vergrößert die Konfusion und Ratlosigkeit darüber, wo wir „eigentlich stehen".

Indem wir Sätze formulieren, bringen wir die Gedanken in eine erste Ordnung, und wenn wir diese Sätze aufschreiben, erhalten sie eine feste, greifbare, materielle Form. Da stehen sie, klar und deutlich, und man kann sie nun aus einer gewissen Distanz betrachten. Je mehr wir Abstand nehmen, um so klarer zeichnen sich vorhandene Strukturen ab (als wenn man im Flugzeug über eine Landschaft fliegt und alles klar überschauen kann – wo Orte enden und Wiesen beginnen, wo Flüsse fließen und Straßen das Land

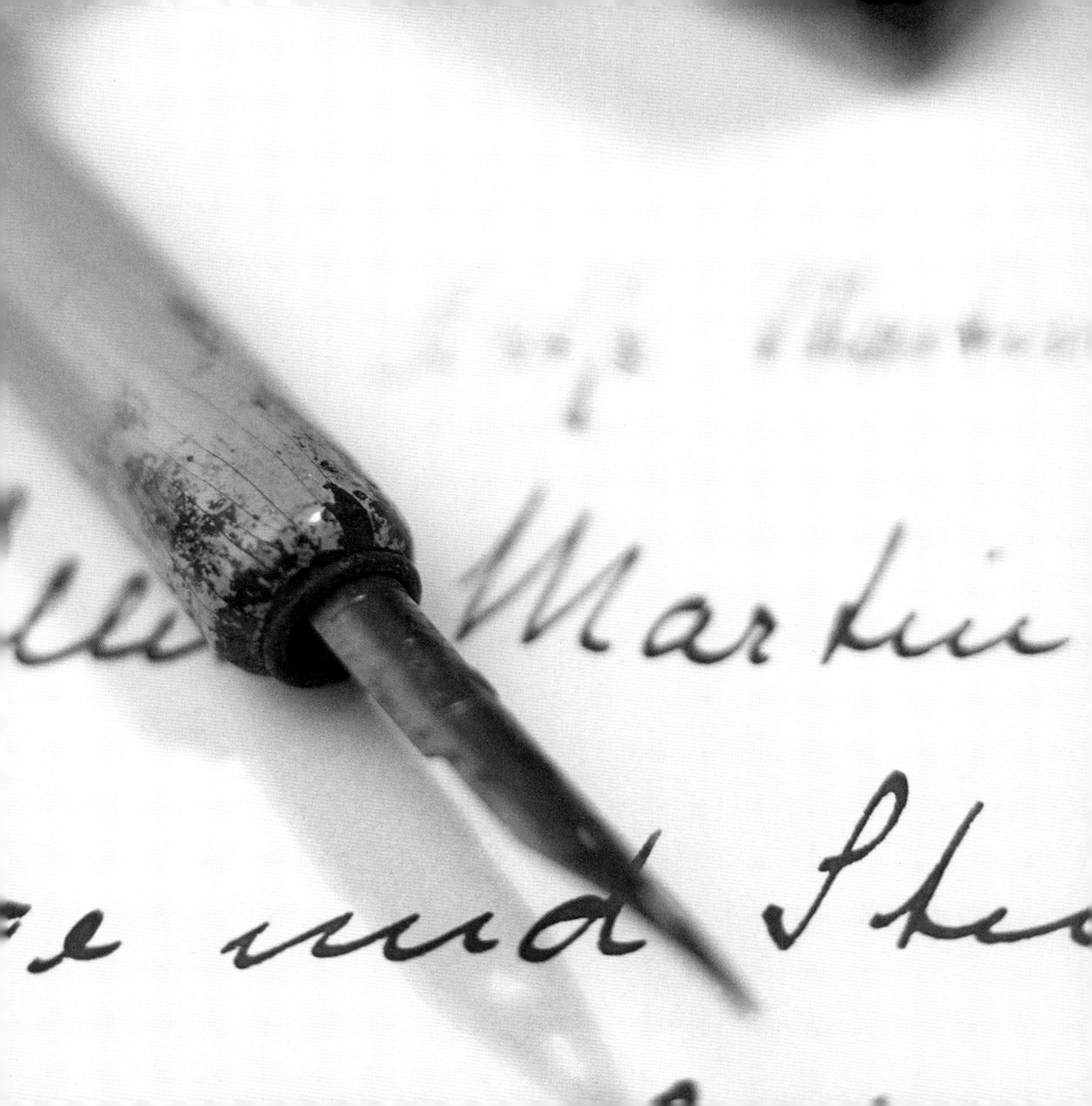
und

durchschneiden). Strukturen erkennen heißt Koordinaten für das eigene Leben gewinnen: In diesem Feld und Umfeld von Gedanken, Fakten, Gefühlen leben wir unser derzeitiges Leben.

In Amerika ist das „Journaling" außerordentlich beliebt, es gibt Dutzende von Anleitungsbüchern zum Führen eines Tagebuchs. Aber ob es dazu einen ganzen Ratgeber braucht? Eigentlich genügt es doch, einfach ein Tagebuch zu kaufen – ein Buch mit leeren weißen Seiten und mit einem Umschlag, der uns gefällt, so dass wir es gern zur Hand nehmen; ein Stift zum Schreiben, freie Zeit – und voilà!

Die meisten jungen Mädchen führen irgendwann einmal ein Tagebuch. Sie wissen, dass das die Gefühle und Gedanken klärt. Sie vertrauen sich dort probeweise ihre eigenen Geheimnisse, Wünsche und Erwartungen an. Auch als erwachsene Frau kann man sich eine Menge anvertrauen! Fragen an sich selbst und andere formulieren, Zweifel oder Einsichten festhalten – oder schreibend erst erwerben.

Das Tagebuch ist der Ort, wo Sie alles denken, alles fantasieren, alles fühlen – wo Sie probehandeln, ausprobieren dürfen, was immer Ihnen in den

Sinn kommt. Denn Worte sind noch keine Taten; sie sind Mittler zwischen Gedanke und Tat. Sie werden sehen, dass Sie einige Gedanken vielleicht wirklich in die Tat umsetzen möchten, während andere nur einmal in Worten Gestalt annehmen mussten, um zur Ruhe zu kommen.

Und warum nicht ein Traum-Tagebuch führen? Träume werden uns vom Unbewussten geschenkt. Herbeizitieren lassen sie sich nicht. Lange Zeit glaubt man vielleicht, keinen einzigen Traum zu träumen (jedenfalls erinnert man sich an keinen), dann wieder träumen wir „in Serie". Manche Träume wecken einen auf, so intensiv sind sie – süß oder bedrohlich, exotisch oder extrem realistisch, so dass wir lange brauchen, um zu verstehen, dass wir nur geträumt haben. Tief berührt vom Traumgeschehen oder der Einsicht, die wir daraus gewinnen, glauben wir, diesen Traum nie wieder zu vergessen. Aber meistens verblassen auch solche „lebensverändernden" Träume mit der Zeit. Es lohnt sich, sie aufzuschreiben.

Sie werden staunen, wenn Sie nach längerer Zeit einmal in Ihrem Traumtagebuch blättern, welch reiche Palette an Stimmungen und abstrusen, aber auch tiefgründig wissenden Bildern Sie „im Schlaf" schon erschaffen haben.

Und vielleicht kommen Sie dabei zu der Erkenntnis, dass Sie sich – ohne es sich je eingestanden zu haben – eigentlich sehr gut kennen. Ihre Träume jedenfalls wissen meistens, „wo Sie stehen", und manchmal hätte man besser auf sie gehört.

Ich persönlich habe noch ein anderes „leeres" Buch, ein „Skizzenbuch", in das ich zwar nicht zeichne, in dem ich aber Ideen festhalte; Gedanken, denen ich irgendwann einmal länger nachhängen möchte, Themen, zu denen ich vielleicht irgendwann einmal etwas schreiben will. Auch gute Ideen verflüchtigen sich nämlich schneller als man denkt. Manchmal, wenn ich im Ideenbuch nachschaue, bin ich erstaunt, dass ich ein Thema, mit dem ich mich gerade beschäftige, schon vor drei, vier Jahren umkreist – oder sogar schon besser auf den Punkt gebracht – habe als heute.

Wer gern zeichnet, legt vielleicht ein wirkliches Skizzenbuch an oder mischt Gedanken und Zeichnungen. „Schön" müssen solche Zeichnungen nicht sein – sie dienen uns allein und sollen ja keinen Preis gewinnen. Hier und da beschreibe und zeichne ich mein Traumhaus. Und dann stelle ich fest, dass dieses innere Bild sich im Laufe der Jahre kaum verändert hat. Das könnte auch ganz anders sein: Viele Träume verändern sich im Lauf des Lebens, weil sie mit den Prioritäten verknüpft sind, die wir setzen.

BEREIT ZUM ZUHÖREN:
DAS LIEBE ALTE HÖRSPIEL

Frauen, die Familie und deshalb sehr viel Haushalt um die Ohren haben, kann man mit diesem Ritual, bei dem es um Haushaltsarbeit geht, wahrscheinlich nicht begeistern. Aber manche Single-Frauen könnten es nachahmenswert finden, mit seiner Hilfe Nützliches mit dem Angenehmem zu verbinden – und wieder hätten wir hier eins dieser weiblichen Rituale vor uns, das mit wenig Aufwand viel gute Stimmung schafft.

Angenommen, Sie haben keine Putzfrau oder Sie haben eine, der Sie Ihre Seidenblusen lieber nicht anvertrauen wollen, angenommen, Sie haben also zu bügeln. Ich schiebe das vor mir her, bis die traurigen Kleiderhäufchen mich vollends mutlos machen, und deshalb fand ich das Bügelritual, von dem mir eine Freundin erzählte, beherzigenswert. Noch immer gibt es auf manchen Kultursendern im Radio das gute alte Hörspiel.

Nach dem Krieg, so haben meine Eltern immer erzählt, war das eine herrliche Stunde abendlicher Unterhaltung: Sie lagen im Bett, schön unter der warmen Zudecke (an Kohlen zum Heizen fehlte es noch), und hörten Radio, am liebsten das Hörspiel. Heute, wo alles visualisiert wird, ist das Radio ein bisschen ins Hintertreffen geraten. Die meisten Medien, die wir nutzen, nutzen wir mit den Augen. Schrift und Bilder beherrschen unser Leben, und wenn wir lesen, am Computer sitzen oder dem Fernsehkrimi fol-

gen, fordern sie unsere ungeteilte Aufmerksamkeit. Das Radio ist weniger besitzergreifend. Es richtet sich an den Gehörsinn und kann uns fesseln, ohne uns an anderen Beschäftigungen zu hindern. Deshalb hat die Freundin, die ich erwähnte, es sich angewöhnt, dann zu bügeln, wenn Hörspieltag ist. Eine Tasse Tee, ein Bügelbrett und das Hörspiel – eine etwas merkwürdige und doch eine Kombination, die anregend und sogar entspannend wirken kann. (Übrigens gibt es auch sehr viele andere interessante Sendungen, die den gleichen Effekt haben können!) Seit ich das Bügelritual kenne, habe ich übrigens angefangen, überhaupt wieder viel mehr Radio zu hören – auch abends im Bett, unter der warmen Decke! Das Zuhören ist eine kreative Tätigkeit: Es erlaubt der eigenen Vorstellungskraft mitzuspielen – wir selber erschaffen die Bilder, die uns im Fernsehen nur vorgesetzt werden. Und während mich das Fernsehen oft „leer" und unbefriedigt zurücklässt, habe ich dieses Gefühl beim Radiohören nicht. Das Radio stimuliert mich dazu, mitzudenken und meinen Teil Fantasie beizutragen. Und kommt die eigene Vorstellungskraft erst einmal auf Touren, fühlen wir uns auf einmal wieder so wach und lebendig... Deshalb ist das Radiohören auch ein Tipp, wie man einsame Stunden verwandeln kann – in sinnvolle und gute Stunden, in denen man die Zeit mit sich allein aktiv genießen kann, statt sie passiv zu erleiden. Außerdem gibt es heute so viele gute und interessante Hörbücher, dass man auch unabhängig von Sendezeiten im Radio diesem Vergnügen nachgehen kann.

SPIEGELFESTE: WAS STEHT MIR EIGENTLICH – VOR DEM SPIEGEL NEUE FRISUREN UND ALTE KLEIDER PROBIEREN

Alle paar Monate, vielleicht auch nur alle paar Jahre ist es wieder soweit. Wir stehen vor dem Spiegel und fragen uns: Sehe ich so aus, wie ich bin? Passt mein Äußeres noch zu meinem Inneren? Sehe ich aus, wie ich mich fühle? Wenn dieser Moment gekommen ist, lautet die Antwort leider meistens: nein. Wenn es anders wäre, hätten wir die Frage nicht gestellt.

Wenn dieser Zeitpunkt der Selbstüberprüfung gekommen ist, brauche ich sie, „die Zeit mit mir". Denn wer sollte mich beraten, wenn nicht ich? Einen Nachmittag oder Abend braucht es mindestens dazu. Und niemand, wirklich niemand darf stören! Äußerungen unsere Figur betreffend einwerfen. Ratschläge darüber erteilen, was uns vorteilhaft erscheinen lässt. Kritik irgendwelcher Art anbringen. Das alles wäre tödlich. Außerdem können wir das selbst. Und besser als irgend jemand auf der Welt.

„Ich hab überhaupt nichts mehr anzuziehen!" ist die erste, allgemeine Erkenntnis, die noch nicht weiter ins Detail geht und natürlich falsch ist. Denn wir haben jede Menge Klamotten, nur gefallen wir uns nicht mehr darin. „Die Farbe steht mir ja überhaupt nicht! Wie seh ich denn in dem Gelb aus! Blass und mickrig!" – „So eng, dieser Pulli. Wirklich billig!" (Oder, andersherum: „Was will ich eigentlich unter diesen Schlabberpullis verstecken?

Die sind ja alle zwei Nummern zu groß!") – „Nein, also jetzt geht das nicht mehr mit den kurzen Röcken. Das ist nun wirklich vorbei!" (Oder, andersherum: „Mein Gott! Das kann ich mit siebzig immer noch tragen"). Wir haben uns verändert. Nur unser Outfit nicht.

Wir haben uns verliebt und wollen plötzlich helle, leuchtende Farben tragen, die uns früher immer zu auffällig waren. Wir haben eine Krise, „Niemand mag mich!", und verkriechen uns in unauffälligem Grau. Wir haben endlich entdeckt, was wir können, und finden plötzlich, das darf man uns auch ansehen – warum die ewige Bescheidenheit? Wir sind sinnli-

cher, als wir dachten; warum dürfen wir nicht ein bisschen sexy rumlaufen? Wir sind reifer und klarer geworden; die betont jugendlichen Jäckchen und Minishirts passen nicht mehr zu unserem Selbstgefühl. Wir sind älter geworden und rangieren dezent die ärmellosen Sachen aus.

Wir durchschreiten verschiedene Lebensalter – biologisch, aber auch gefühlsmäßig (und beide müssen nicht immer übereinstimmen), und wir wollen diesen Lebensabschnitten den passenden Ausdruck verleihen; sonst fühlen wir uns „in unserer Haut" nicht wohl. Wir erleben daneben aber auch, unabhängig vom Alter, Phasen verschiedener Gestimmtheit. Es gibt depressive Zeiten, Zeiten, wo wir unter großem äußeren oder inneren Druck stehen, aber auch Zeiten der Lebenslust, des Aufbruchs zu Neuem oder Zeiten innerer Stagnation, Zeiten der Ruhe und Gelassenheit und Zeiten der Unruhe oder Leidenschaft. Zeiten, in denen wir uns dem Modediktat beugen oder eigene Wege gehen, uns offensichtlich verjüngen oder der Norm anpassen.

Es gibt keine Verpflichtung, einem Stil treu zu bleiben, ganz gleich wie man sich gerade fühlt. Denn dann wäre der eigene Stil ja eher ein Korsett. Trotzdem gibt es Frauen, die mit sicherem Instinkt wissen, was ihnen steht, die ihren Typ kennen und ihre Garderobe variieren, ohne je von einem Extrem ins andere zu fallen; sie bleiben einem Grundstil, der zu ihrem Charakter passt, „ihren" Farben treu und spielen ihre Stimmungen eher mit Farbnuancen und Accessoires durch. Jeder kennt sicher wenigstens eines dieser eleganten Wesen, die immer wissen, was wo wann zu ihnen passt. Die individuell wirken, ohne zu übertreiben. Deren Gesicht nie hinter Farben, Mustern und Schnitten verschwindet, sondern durch die Kleidung nur positiv betont wird. Die nie dicker aussehen, als sie sind, weil sie sich eben nicht in puscheligflauschige-enganliegende Pullover verlieben, die nur knapp bis zur Taille reichen, wenn sie viel Busen haben, und bei denen die Schuhe immer zum Kleid passen.

Diese Wesen kennen die beschriebenen Stunden des lustvollen Haderns vor dem Spiegel wahrscheinlich nicht, das stundenlange Durchprobieren all dessen, was sich im Schrank befindet (wenn schon, denn schon). Sie kennen auch nicht diese Mischung aus Ungeduld und wachsender Verzweiflung, mit der die ehemals doch freiwillig und voll Überzeugung gekauften Sachen verknüllt und in unübersichtlichen Haufen auf dem Bett landen (verworfen!).

Ich gehöre jedenfalls nicht zu diesen Frauen mit dem phänomenalen Stilgefühl. Ich kann schon furchtbar leiden, wenn ich mich für irgendeinen Anlass schön machen will und plötzlich überhaupt nicht mehr weiß, worin ich nun „schön" bin.

Ich jedenfalls brauche diese Stunden, in denen ich mein Äußeres wieder à jour mit meiner Seele bringe.

Ein neues Outfit kann aber auch zaubern. Denn die äußere Erscheinung wirkt auf die Stimmung zurück. Mausgrau macht Mäuse, ein rotes Jackett Mut; Pastelltöne machen weich und sanft, und Blau schenkt uns die Ruhe, die wir manchmal brauchen. Der Versuch lohnt: Wir können mit unseren Kleidern unsere Stimmung zwar nicht umkehren, aber positiv beeinflussen!

Ein anderes lustvolles Ritual, das man am besten mit sich selbst abmacht, wenn man mal Zeit hat, ist das Frisuren-Ritual. Es ist ähnlich wie mit den Kleidern; auch Frisuren zeigen, wie wir selbst uns sehen, und dieses Selbstbild kann sich eben wandeln.

Alle, die längere Haare haben, können ein Stündchen vor dem Spiegel damit verbringen, allerlei auszuprobieren: hinter die Ohren, vor die Ohren, aufgesteckt, streng, locker, zerzaust, sanft. Und mal was färben oder Strähnchen, Henna oder radikaler Schnitt? Bei der Gelegenheit stellt sich die Frage nach dem richtigen Lippenstift. Frecher, weicher, mondäner?

Wer kurze Haare hat, muss sich auf seine Vorstellungskraft verlassen und findet vielleicht *die* Frisur in einem Magazin. Sofort herausreißen! Und dem Wunsch nachgeben! Gleich einen Termin beim Friseur abmachen! Denn ein bisschen Veränderung tut gut.

KUSCHELSTUNDEN OHNE DEN ANDERN: SOFA, BUCH UND KLEINE HÄPPCHEN

Heute abend bin ich allein. Habe niemanden eingeladen, bin nirgendwo eingeladen. Gehe nicht aus. Brauche keine Schminke. Aber den ganz weichen Lieblingspulli, der schon vor zehn Jahren alt war und von dem ich mich nicht trennen kann. Den meine Mutter noch gestopft hat. Weil er zum Sofaritual gehört und mich genau so wärmt, wie ich es mag. Weil ich es in ihm nicht zu kalt und nicht zu heiß habe.

Jede Frau sollte so ein Stück besitzen. Es verschafft Heimat, Geborgenheit, Zufriedenheit mit sich und der Welt. In so ein Stück eingehüllt kann man Glanz und Gloria der ganzen Welt entsagen, denn in ihm ist man mit sich selber eins.

Es ist ein Abend, an dem ich weiß: Ich werde nichts vermissen, nichts benörgeln, nicht mal telefonieren und einfach glücklich sein.

Ich habe ein neues Buch angefangen, und ich glaube, es wird mir sehr gefallen. Mit diesem neuen Buch werde ich mich vergnügen. Ich werde es lieben und verschlingen, manchmal in die Luft gucken und den Sätzen nachdenken, eigene Assoziationen aufkommen lassen, Erinnerungen, Träume; ich werde versuchen, mir die Personen, um die es in der Geschichte geht, vorzustellen. Und wer könnte das spielen, wenn es einen Film daraus gäbe?

Poesie und Prosa,

für

Geistlicherzogene.

---+---

Von

Christ. Heinr. Schütze,
Prof... zu ...

---+---

Erster Theil.

Riga, bei ... Schmidt.
Leipzig, bei ... Hartmann.
1819.

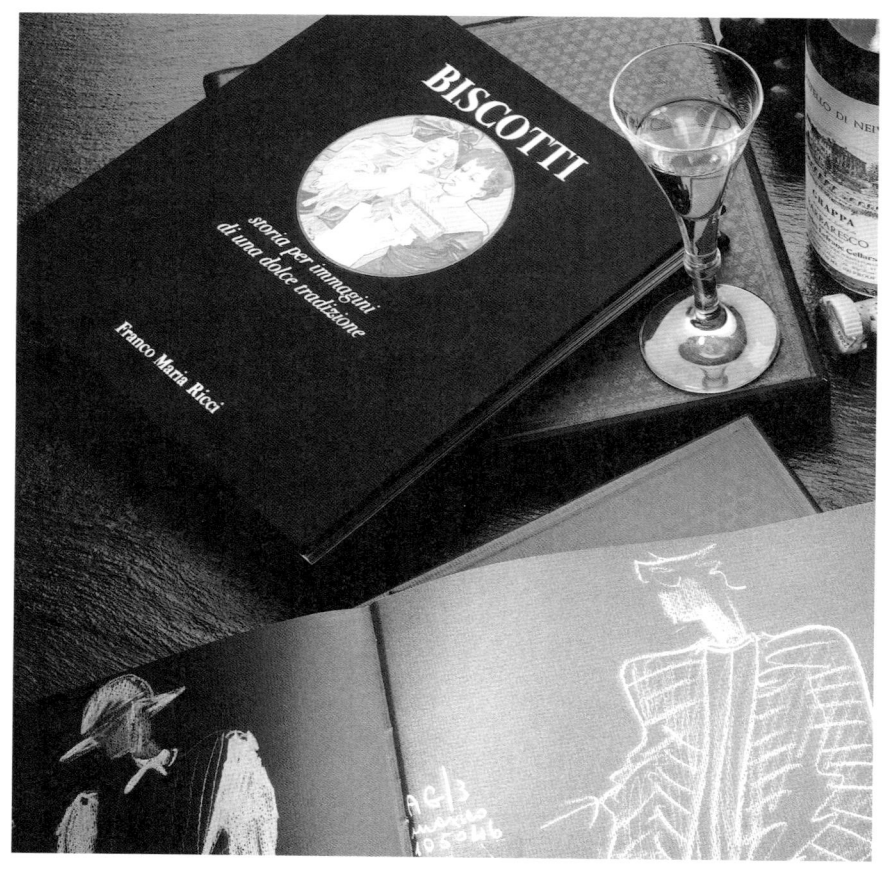

Schon der Umschlag ist schön; es ist ein Bild darauf, das ich immer wieder ansehen mag.

Der Pullover stimmt, das Buch stimmt. Das Sofa steht da. Doch die Vorbereitungen für das Ritual sind noch nicht ganz abgeschlossen. Wenn die Leute ins Theater oder ins Konzert gehen, gehen sie auch noch gern vorher essen und nachher auf einen Drink. Oder sie trinken was in der Pause. Das sollte man zu Hause auch tun, um den Abend comme il faut zu genießen.

Ich stelle also bereit: eine leichte Decke, die ich über die Beine breite, wenn ich mich auf dem Sofa eingerichtet habe; ein schönes Glas (ich liebe alte Gläser!), das nicht Dutzendware ist, sondern mich irgendwann einmal durch seine schöne Form, seine kleinen, individuellen Unregelmäßigkeiten im Glas beeindruckt und zum Kauf verführt hat. Ach ja, in Lissabon war das, an jenem schönen Wochenende ... Der Rotwein wird diesem Glas gut stehen und meinen Lesegefühlen einen samtigen Untergrund geben. Andere Frauen machen sich vielleicht einen schönen Tee und probieren an einem solchen Tag endlich die neue Sorte aus, die sie neulich im Teeladen entdeckt haben.

Und dazu ein paar Häppchen, schon mundgerecht geschnitten, damit man notfalls blind (spannende Stelle im Buch!) danach greifen kann. Natürlich schön angerichtet, denn wir wollen uns ja verwöhnen, und das Beste ist deshalb gerade gut genug.

Es gibt Bücher (man kann auf diese Art auch in Zeitschriften schmökern), neben denen man gut noch eine CD mit Begleitmusik verträgt. Andere Bücher vertragen das nicht, weil man sich auf sie zu sehr konzentrieren muss; dann lenkt die Musik ab und verwirrt und stört mehr als dass sie den Genuss steigert. So vorbereitet, können wunderbar gemütliche Stunden beginnen.

Natürlich laden besonders die kurzen Tage im Winter zu einem solchen Ritual ein, das Wärme und Geborgenheit gibt. Aber könnte nicht jeder verregnete Sonntagnachmittag Anlass genug sein, dieses Fest mit sich selbst zu feiern?

Ich sagte es schon: Es muss nicht immer ein Buch sein. Wenn Sie zu den Frauen gehören, die gern betonen, dass sie nur beim Friseur Mode- und Frauenzeitschriften ansehen, trauen Sie sich: Versinken Sie einmal in Kosmetiktipps, Innendekoration, Partnerschaftsanzeigen, Modetrends, Parfümvorschlägen und Menü-Ideen ...

Ich habe noch eine andere Sofa-Leidenschaft: das „Atlas-Reisen". Wenn mich die Sehnsucht nach Veränderung überkommt, der Frust am Alltag, die Enge meiner Lebensverhältnisse, das Grau der Wintertage, das muffige Gefühl des Älterwerdens und Einrostens, dann reise ich in Gedanken in schöne Fernen. Der Atlas hilft mir dabei. Hauptstädte und Städte, die in der Bedeutungslosigkeit versinken (und deren Namen niemand behält), Flüsse und Berge, Schlösser und Burgen, Seen und Naturparks, Inseln und Korallenriffe – alles findet sich da und verleitet zum Träumen. Da kann man hin! Zum glasklaren Wasser der Malediven, wo Fischschwärme die vorsichtig ins Wasser gestreckten Zehen umgaukeln, nach Sansibar, wo es nach Gewürzen duftet und die Kulturen sich mischen, nach Schottland, wo die Sonne über den Hochmooren untergeht, nach Japan, wo man in Hotelschubladen schläft, nach New York, wo man eisblaue Mäntel kaufen und in der Dämmerung durch schnurgerade Avenues laufen kann, in denen der melancholische Klang des Saxophons verklingt. Da kann man hin!

Hinter den sieben Bergen, was versteckt sich da? Ich möchte am liebsten packen und ich habe ganz viel Courage! Ich möchte aufbrechen zu neuen Horizonten, zum Neuen, Unbekannten, zu allem, was ich noch nicht weiß. Was könnte alles noch geschehen, in meinem kleinen Leben ... Auf welche Menschen würde ich in anderen Ländern treffen? Wie mich selbst erfahren? Wo an meine Grenzen stoßen? Wir schöpfen die Möglichkeit menschlicher Erfahrung nur mit einem Teelöffel aus ...

WAS „MAN NICHT TUT" IST
BESONDERS SCHÖN

Immer (meistens) sind wir brav. Wir stehen morgens auf, waschen uns, ziehen uns an, machen den Haushalt, gehen zur Arbeit, halten den Mund, wenn's drauf ankommt, haben Verständnis, entgleisen kaum und funktionieren wie das Rädchen in der Uhr. Wir meckern, aber wir tun's. Wir folgen den Ratschlägen der Briefkastentante, des Doktors, unseres Mannes, unserer alten Tante und hier und da auch unseren eigenen.

Aber manchmal ist Schluss damit. Ein Hauch von Subversion, von Widerstand regt sich in unseren Herzen, und wir ergeben uns der Sünde. In einer unbeobachteten Stunde, die wir ganz für uns allein haben.

Wir reißen die Kühlschranktür auf und essen wahllos, was uns vor die Nase kommt. Wir legen die Wurst nicht auf eine Wurstplatte, sondern verschlingen sie aus dem Einwickelpapier. Danach den sauren Hering. Mit dem Rest Bratkartoffeln. Und hinterher räumen wir die Küche nicht auf. Spülen sollen doch andere.

Ich persönlich empfinde eine gewisse Genugtuung dabei (wieso eigentlich, etwa meinem „wohlerzogenenen" Selbst gegenüber?), eine sehr große Portion Spaghetti aglio, olio e peperoncini vor dem Fernseher zu essen, mit Rotwein dazu, während nach Möglichkeit eine Vorabendserie läuft (die mit dem Förster zum Beispiel, der traurig ist, dass seine Frau meint arbeiten zu

müssen, wo sie doch so wenig Zeit miteinander haben, weil er, wenn's drauf ankommt, Tag und Nacht in den Wald muss; aber sie lösen den Konflikt dann doch, weil sie sich ja lieben). In den Serien ist alles wie im wirklichen Leben und doch ganz anders, und mein Teller Spaghetti, vor der Glotze verschlungen, zeigt auch mich, wie ich wirklich bin – verfressen, bequem und ohne bür-gerlichen Anstand. Das entspannt. Und niemand guckt. Kuchen ist erlaubt und Schokolade. Morgenmäntel und alte Stricksocken. O Welt, wie kannst du einfach sein!

Es gibt viele „Sünden", die man allein zu Hause begehen kann. Wir wollen nicht allzu ausführlich darauf zu sprechen kommen. Jede Frau wird ihre eigenen kennen. Genießen wir sie mit Lust und lassen wir der Fantasie – und der Sünde – freien Lauf.

NOSTALGISCHE GEFÜHLE:
ALTE FOTOS, FILME, VIDEOS

Ich habe eine CD, die heißt „Jazz for a rainy Afternoon", Jazz für einen ver-
regneten Nachmittag. Es gibt melancholische Stunden allein mit sich selbst,
die sich nicht einfach zu fröhlichen Stunden der Aufbruchstimmung um-
funktionieren lassen. Warum auch? Diese Stunden der Wehmut, einer unbe-
stimmten Traurigkeit gehören zu uns und zum Leben. Sie ausschalten zu
wollen hieße, einen Teil des Lebens ausklammern zu wollen. Wie auf den
Sommer der Herbst und auf den Winter der Frühling folgt, ist es auch mit
Stimmungen. Niemand ist immer hochgestimmt, lebensbejahend und positiv (eine Schreckensvorstellung!), und wer nicht durch die melancholischen
Phasen des Zurückschauens, Erinnerns und Innehaltens geht, kann auch
nicht – wie neugeboren – in die Zukunft eintauchen. Wie alles in der Natur
sind auch wir einem zyklischen Geschehen unterworfen, das Täler und
Höhen bereithält.

Die Stunden der Melancholie bereiten den Boden für das Neue, geben
die Zeit, Altes loszulassen und diesen Prozess zu betrauern, erlauben uns,
schwach, bedürftig und passiv zu sein und in dieser Zeit neue Kräfte zu
sammeln. Ich möchte diese Zeiten nicht missen! Vielleicht ist man sich selber nie so nah wie eben dann.

Wenn mich melancholische Gefühle, Erinnerungen an Vergangenes und

Verlorenes überkommen, versuche ich, diese Gefühle konkret werden zu lassen. Viele Frauen kleben ihre Fotos in schöne Alben ein, zusammen mit verschiedenen Souvenirs wie Fahrkarten, Eintrittskarten, Hoteladressen. In einer solchen Stunde könnte man also wieder einmal Fotos ansehen oder einkleben. Ich selbst bringe diesen Ordnungssinn nicht auf: Ich habe eine Fotokiste (seit Jahren will ich sie ordnen!), in der sich meine ganze Vergangenheit aufs Unordentlichste versammelt. In dieser Kiste zu wühlen, bringt süßen Schmerz („Ja, da war ich 18!" – „Und hier der Klaus; wie ich in den verliebt war. Und ich weiß überhaupt nicht, was aus dem geworden ist!"), aber auch viele andere Erinnerungen herauf – komische und lustige, vergessene und liebevoll gehegte. Ich schaue die Bilder an, wie sie mir in die Hand kommen – Kleinkinderbilder und Abiturerinnerungen, Eltern, Freunde, Studienkollegen und Verwandte, Ferienbilder, die merkwürdig alt scheinen („Die Mode damals, das ist ja unendlich lange her!"), Babyfotos von meinem Sohn, der mich jetzt um über einen Kopf überragt ... Ein Kaleidoskop von Lebensstückchen, Bruchstücken, die sich immer neu fügen und zusammensetzen, trist und farbig, matt und leuchtend, müde und stark, enttäuschend und hoffnungsvoll.

In dieser Kiste ist sie aufgehoben: meine kleine, ganz eigene Welt, mit ihrer Lust und ihrem Schmerz, ihrer Angst und ihren Freuden. Alle diese Bilder in ihrer Gesamtheit machen mich aus, das, was mir wichtig ist (deshalb hat man ja ein Foto geschossen!), das, was für mich zählt. Die Schnapp-schüsse und verwackelten Versuche wirken dabei besonders anrührend: zufällig festgehaltenes Leben – ungestellt, ohne Maske, ohne „besondere" Bedeutung ...

Ich spüre, wie meine Stimmung sich verändert, neue Töne und Schat-tierungen hinzukommen. Ein Schmunzeln über dieses, ein lautes Lachen über jenes. Die Dinge rücken wieder an ihren Platz, sind nur noch ein Teil des Puzzles, aus dem meine Erinnerung sie herausgeholt und vergrößert hat. Der traurige Tod meiner Mutter, der mir an diesem grauen Novembertag in den Sinn kam, wird wieder zu einem Ereignis unter anderen, die melan-

cholische Stimmung zu einer Stimmung unter anderen, all die Erinnerungen wieder Teil eines Ganzen, das aus Vergangenheit, aber auch aus Gegenwart und Zu-kunft besteht.

Ich tauche wieder auf, bin mit meinem eigenen Leben neu be-schenkt. Habe Lust, mir einen gu-ten Kaffee zu machen, den „Jazz for a rainy Afternoon" durch was

Fetzigeres zu ersetzen und endlich die Freundin anzurufen, mit der ich mich schon lange wieder einmal verabreden wollte.

In vielen Familien gibt es nicht nur Fotos, sondern auch Videos und Filme – von den ersten wackligen Kinderschritten bis zur Hochzeit, von den Ferien in Italien bis zur Einweihung des eigenen Hauses. In unserer Familie gibt es nur einen solchen Film, von ganz früher, wo mein Vater, strahlend junge und schöne sechzehn Jahre alt, in einem Badeanzug mit Trägern kopfüber ins Wasser springt.

Machen Sie sich einen wehmütig-schönen Tag, ganz für sich allein, mit solchen Dokumenten und Zeugen der Vergangenheit. Vielleicht gehen Sie auch nachgucken, wo Sie ihr Hochzeitskleid aufbewahrt haben, oder Sie kramen die alte Teekanne hervor, die Sie geerbt und fast vergessen haben und die Ihnen erst jetzt richtig gefällt, wo Sie sich wieder an die alten Zeiten erinnern.

Sie werden sich anschließend belebter und nicht trauriger fühlen, erholt und nicht deprimiert. Denn Erinnerungen sind ein Brunnen, aus dem wir schöpfen können, um zu rasten und uns zu erneuern.

LUST AUF ERNEUERUNG:
PUTZEN, AUFRÄUMEN ODER WAS SONST NOCH
AUF DEN KOPF GESTELLT WIRD

Heute ist es soweit. Nein: Jetzt. Sofort. Es wird aufgeräumt. Umgeräumt. Großreine gemacht. Durchgelüftet. Kurz: Du brauchst Erneuerung, Klarheit, frischen Wind, einen neuen Blick auf die Umgebung und dich. Keiner soll dir in die Quere kommen, keiner über die Ungemütlichkeit meckern. Ich bin voller Energie.

Aufräumen, umräumen, sauber machen – das hat auch mit der Seele zu tun. Staubwinkel, vollgestellte Böden, unaufgeräumte Keller gibt es auch in ihr. Deshalb tut der Hausputz gut (wenn das Datum frei nach Bedürfnis gewählt werden kann!) – wir räumen mit ihm gleichzeitig auch unsere Seele auf. Da hat sich manches angesammelt, was wir gar nicht mehr brauchen: überholte Ängste, alter Frust, muffige Verbissenheit, erstarrte Bitterkeit. Weg mit dem Ballast! Und schon fliegt das alte Geschirr, das du ohnehin nie benutzt, aus dem Küchenschrank: was für den Flohmarkt! Der Staubsauger saugt die Flusen und Flausen aus deinem Kopf gleich mit auf, die geputzten Scheiben geben endlich wieder den „Blick aufs Mittelmeer" frei – und die nötige Klarsicht. Die neue CD, laut genug aufgedreht, lässt dich nicht vor der Zeit schlapp machen: Das Sofa stellen wir jetzt mal um. Und das Regal auch. Und den großen Blumentopf mit der Palme. Die kriegt an dem

neuen Ort viel mehr Licht. Und morgen nimmst du die Sache in die Hand: die Abklärung mit der Krankenkasse, die Alimentenfrage, das Gespräch wegen der Gehaltserhöhung, den Besuch beim Klassenlehrer, die Anmeldung zum Yoga-Kurs. Überhaupt sieht jetzt alles wieder viel schöner aus. Eigentlich gar nicht so hässlich, die Wohnung.

Letzte Woche hatte ich noch das Gefühl, ich müsste alle Möbel wegschmeißen und alles, alles neu einrichten. Oder noch besser: umziehen. Aber jetzt muss eigentlich gar nicht alles neu werden. Ich selbst bin mir wieder erträglicher geworden ...

Befriedigt schaust du in die Runde: ist doch eigentlich alles ganz okay – mit der Wohnung und mit dir selbst.

Für mich ist aufräumen und putzen auch eine Art, meine Wohnung wieder „in Besitz" zu nehmen, wenn ich viel unterwegs gewesen bin oder so viel

Arbeit hatte, dass ich die Wohnung über längere Zeit habe vergammeln lassen. Gefällt sie mir plötzlich nicht mehr, ist das ein Zeichen, dass ich sie mir neu „vertraut machen" muss.

Mit dem Staub, der sich angesammelt hat, den herumliegenden Kleidern, den Obstschalen ohne Obst, dem leeren Kühlschrank, dem vollen Wäschekorb ist sie nicht mehr „Heimat", nicht mehr „anheimelnd" und einladend, und ich fühle mich ungeborgen in meinen eigenen vier Wänden.

Dann müssen wir beide erst wieder zusammenkommen, und das geht am besten, indem ich die Dinge, die mich stumm umgeben, wieder einmal berühre, ihnen bewusst wieder ihren Platz einräume. Die Lieblosigkeit, die sie ausstrahlten, war ja nur meine Lieblosigkeit ihnen gegenüber ...

Nach ein, zwei Stunden sind wir uns wieder näher gekommen. Meine Wohnung ist wieder meine Wohnung. Ein gutes Gefühl für eine Frau, die so harmoniesüchtig ist wie ich!

EIN VERTRÖDELTES STÜNDCHEN

Trödeln ist schön. Und wann darf man schon trödeln? Zeit, die vergeht, ohne dass man was tut ... Löcher in die Luft gucken, vergessen, was man eigentlich gerade machen wollte, Gedanken nachhängen, die eigentlich gar keine sind, sondern nur Bruckstücke von Gedanken, die abbrechen und wandern und wieder zurückkommen ...

Der Platz, wo ich am liebsten ein Stündchen verträdele, ist meine Küche. Das Fenster schaut auf große Kastanienbäume, die auf einer Wiese stehen, und von meinem Korbsessel aus habe ich den schönsten Blick darauf. Da kann man sitzen und ewig Tee trinken und hinausgucken ohne Ziel und Absicht; sie, die Bäume, sind immer da. Im Frühling tragen sie rosafarbene und weiße Blütenkerzen, im Sommer das dichte, kräftige Laub, das sich gegen den Herbst hin frühzeitig in ein trockenes Braun wandelt, und schließlich ragen die starken Äste kahl in den Himmel. Und was vor wenigen Monaten noch ein Dach war, durch das grüngoldene Lichtflecken fielen, lässt nun die Gedanken frei aufsteigen in das milchige Grau und frühe Winterdunkel.

Man könnte auch auf etwas anderes schauen – eine Gasse, die manchmal belebt, dann wieder wie ausgestorben daliegt, auf einen Hinterhof, in dem Kinder spielen oder ein Rentner gerade sein Auto wäscht, einen Vorgarten, in dem zwei Nachbarn sich begrüßen, auf den Balkon vom gegen-

überliegenden Haus, wo eine Frau versucht, ein Sonnenbad zu nehmen und eine andere ihre Blumentöpfe gießt. Wir könnten auf eine Wand blicken, an der Efeu emporwächst oder auf eine Fassade, deren Farbe malerisch abblättert. Es gibt so viel zu sehen um uns herum, und manchmal merkt man das am besten, wenn man gar nicht bewusst hinsieht – nur da sitzt und zulässt, dass die andern Dinge auch da sind ... Einfach so, wie wir ...

Als Kinder spielten mein kleiner Bruder und ich mit Vorliebe ein Trödelspiel, das wir „Hensels kleine Gartenlaube" nannten. Wir rückten den Esstisch direkt ans Fenster, legten eine Decke darauf und Kissen, öffneten das Fenster, legten uns bäuchlings nebeneinander der Länge nach auf den Tisch und guckten hinaus.

Wir erzählen uns heute noch, wie glücklich wir dabei waren. Auch daran denke ich manchmal, wenn ich allein, vor mich hinträumend, in meiner Küche sitze.

In dieser Küche hängt neben einigen Bildern auch eine

grosse runde Uhr – wie eine Bahnhofsuhr –, die hat mein Sohn, als er noch kleiner war, mir mal zum Geburtstag geschenkt. „Damit wir Zeit in der Küche haben", sagte er dazu, und genau dieses Versprechen löst die Uhr ein: Sie geht nämlich nach ihrer eigenen Zeit und macht, was sie will. Am Morgen beim Frühstück zeigt sie halb drei, beim Abendessen zwei Uhr Nachmittag. Erst waren wir irritiert, sagten: „Die geht ja schon wieder falsch!" und versuchten, sie zu reparieren. Bis wir begriffen, dass sie so hartnäckig auf ihrer eigenen Zeit bestand, damit auch wir die Freiheit bekämen, uns unsere eigene Zeit zu nehmen und zu leben. Jetzt sind wir ihr dankbar, denn in dem Raum zwischen der Zeit, die alle anderen Uhren messen, und der Zeit, die unsere Küchenuhr unbeirrt anders zählt, spüren wir, was Freiheit ist und versuchen immer wieder neu, uns diese Freiheit – zu leben und zu träumen, wie wir es brauchen – zu bewahren.

Wann haben Sie zum letzten Mal einen Brief geschrieben? Nicht ans Finanzamt, meine ich, sondern an den Liebsten, einen Freund, eine Freundin, an Ihre Tante oder Ihren Großvater oder vielleicht auch an Ihr Kind? Nein, einen solchen Brief kann man nicht einfach zwischen Tür und Angel schreiben; es braucht dazu ein paar ruhige Minuten: Zeit für sich allein, um mehr als liebe Grüße auf das Papier zu bringen.

Brieffreundschaften sind aus der Mode gekommen. Eigentlich schade, denn Briefe haben dem Telefon einiges voraus, auch wenn sie zeitlich, was die Kommunikation angeht, immer hinterher hinken. Das Klingeln des Telefons zwängelt sich in die Wohnung, drängt sich vor, ob es gelegen kommt oder nicht: Hier bin ich. Rede mit mir. Jetzt gleich – egal, ob Du gerade geschlafen hast, zu Abend isst, Dich mit jemandem unterhältst, ein Buch liest, einen spannenden Film siehst, ob du gut oder schlecht gelaunt bist oder gerade ein Bad nehmen wolltest. Das Telefon ist herrisch und drängend, taktlos und geschäftig.

Briefe können warten. Und das ist eine große Tugend, je schneller die Welt online geht. Sie können warten, bis sie geschrieben, und warten, bis sie geöffnet werden. Sie warten, bis der Schreiber die richtige Formulierung gefunden hat, sie warten, bis die Leserin einen Satz fünfmal hintereinander gelesen hat, ehe sie weiterstolpert, den Blick noch immer auf diesen einen

schönen Satz geheftet. Sie bleiben geduldig ungeöffnet, wenn der richtige Moment abgewartet werden muss, damit ihr Inhalt in Ruhe und Muße genossen werden kann, und sie bleiben – sanft mahnend – auf dem Schreibtisch liegen, bis die Zeit für eine Antwort gekommen ist.

Je besser man einen Menschen kennt, je mehr man bereit ist, ihm Dinge anzuvertrauen, die vielleicht nicht einfach zu Tage liegen, sondern im Nachdenken, Formulieren, Niederschreiben erst aus der Tiefe gehoben werden, um so mehr eignet sich ein Brief als Mittler, der vom einen zum andern reist und als Bote wieder zurückkehrt.

Doch obwohl ich einige Freundschaften habe, die eigentlich nur über dieses ganz spezielle Medium Brief existieren, kämpfe ich, ich gebe es zu, mit der Langsamkeit meiner Hand beim Schreiben: Ich schreibe auch meine privaten Briefe heute auf dem Computer; dabei hüpfen die Finger nur so über die Tasten – fast so schnell wie meine Gedanken.

Meine eigene Hand mit dem Füller ist mir zu langsam geworden ... Deshalb ist E-Mail natürlich eine großartige Erfindung. Es löst die meisten Briefe ab, ist informell, schnell und hat trotzdem viele Vorteile des Briefes: Man kann sie wieder und wieder lesen, aufheben (speichern), früher oder auch später öffnen.

Sicher ist das Schreiben am Computer weniger gemütlich, als vor einem schönen Blatt Papier zu sitzen, aber man gewöhnt sich daran. Und wenn es dringlich ist mit dem Wunsch, einen andern zu erreichen, gibt es das SMS statt der alten Telegramme...

Manchmal krame ich auch in alten Briefen und vergesse dann darüber, neue zu schreiben. Denn alte Briefe, die man aufhebt, sind meistens Liebesbriefe. Und wie schön ist es, die wieder zu lesen!

Wie vieles hat man doch vergessen ... die schönen kleinen Einzelheiten von damals, als man einen Kuss auf einem Rosenblatt verschickte, süße Fantasien wie wilde Pferdchen hin und her schickte und die unabänderlichen Alltagsdinge in heißem Galopp noch gerade eben erledigte. Als ein Apfel noch wirklich verführte und ein Gedicht die Nacht erhellte.

Wo ist die Fantasie geblieben, der Flügelschlag des Eros, der uns unser Leben auf leichten Schwingen leben ließ? Doch, er ist noch da. Wir haben die Fantasie nur zu lange vernachlässigt. Ein bisschen Aufmerksamkeit, ein bisschen Bereitschaft – und sie kommt zurück.

Die Welt ist nicht immer lieb mit uns. Egal, wie lieb wir sind. Es gibt Tage des Haderns, Tage, die am Morgen schon schlechte Laune versprechen, Tage, die wie Mühlsteine am Hals, wie Lehmklumpen an den Schuhen hängen. Nein, das haben wir nicht verdient, und keiner, der uns tröstet! Doch, wir können uns selbst ein bisschen bemitleiden, jammern lassen und schließlich trösten: indem wir uns unser Lieblingsessen kochen. Ja, das aus der Kindheit, das unsere Mutter uns gekocht hat, wenn es uns schlecht ging, wenn alles schiefgelaufen war: Zwieback mit Milch und Zucker, Senfeier, Spaghetti mit Tomatensauce, Sauerbraten oder Pfannkuchen mit Marmelade, Labskaus

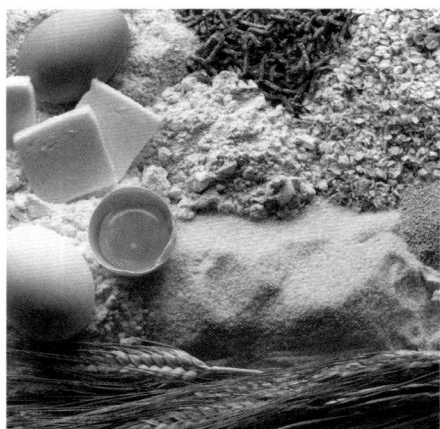

oder Apfelkuchen. Nicht die Feinschmeckerküche – der schlichte, aber sehr vertraute Geschmack aus Kindertagen wird's richten, dass die Welt wieder in den Senkel gestellt wird.

Schon beim Kochen wird die Seele etwas leichter. Bekannte Düfte steigen auf, und die meisten Kinder-Lieblingsessen sind ja nicht besonders schwierig zuzubereiten.

Erlaubt ist alles, was früher Freude machte: Kartoffeln in Sauce matschig quetschen, im Kartoffelbrei einen See anlegen, das Gelb aus den halbierten gekochten Eiern pulen und was vom übrigen Essen in die Kuhle füllen, sehr viel Zucker und Marmelade nehmen, unanständig essen. Das schmeckt! Das erste wohlige Gefühl heute! Und es erinnert mich: Eigentlich wollte ich schon lange mal wieder meinen Bruder anrufen ...

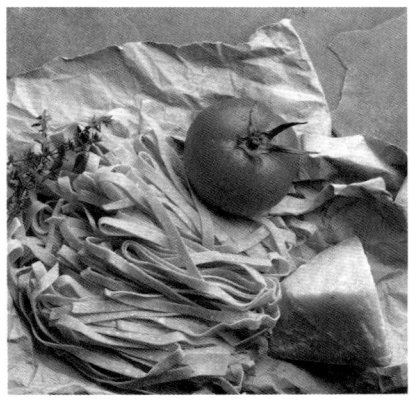

Wer dann noch für sich selbst eine Wärmflasche ins Bett legt, so dass er sich, wenn's so weit ist, ins vorgewärmte Bett kuscheln kann, hat sich herrlich verwöhnt und noch dazu am eigenen Zopf aus dem Sumpf geholt.

Schön ist es auch, Menüpläne zu machen. Für das Wochenende, für den nahen Geburtstag, für die Einladung nächste Woche. Die ganz Ordentlichen führen ein Buch, was sie ihren Gästen schon einmal vorgesetzt haben. Die andern wühlen einfach in ihren Kochbüchern und den fettigen Zetteln, auf denen sie diverse Gerichte aufgeschrieben haben, lesen, gucken und verwerfen, wählen aus und stellen zusammen, was genau jetzt ganz wunderbar zusammenpasst.

MUSIK!

Nicht jeder hört gern die gleiche Musik. Und nicht immer decken sich die augenblicklichen musikalischen Wünsche in einer Familie. Zeit für sich allein zu haben, bedeutet deshalb auch die Gelegenheit, endlich wieder mal die eigene Lieblingsmusik voll aufzudrehen: Paula Cole oder „Figaros Hochzeit", Frank Sinatra oder Bachs Cellosonaten, Buena Vista Social Club oder Indian Vibes.

Meistens vergisst man im Alltag, Musik zu hören. Dabei beeinflussen Töne und Rhythmen die Stimmung auf fast zauberische Weise. Warum diese Magie nicht ganz bewusst einsetzen, um die paar Stunden eigener Zeit mit dem passenden Rahmen zu versehen oder die Musik zur Abwechslung ins Zentrum zu stellen? Man könnte unbeobachtet hingebungsvoll mitsingen (von mir aus auch in der Badewanne) oder sich lustvoll im Rhythmus bewegen, ja, endlich wieder mal tanzen, hemmungslos, hingegeben, ohne die Angst, dabei vielleicht nicht wie eine Könnerin auszusehen. Die Wirkung ist befreiend. Manchmal sogar umwerfend.

Ich habe übrigens immer alle beneidet, die selbst ein Instrument spielen. Vor einigen Jahren kaufte ich ein Klavier und nahm Stunden. Jetzt spielt mein Sohn darauf. Ich kann also leider nicht von mir selbst sprechen, aber: Selbst zu musizieren ist sicher eine der schönsten Möglichkeiten, Zeit mit sich zu verbringen.

HAREMSGEFÜHLE –
BÄDER, ÖLE UND ANDERE
KÖSTLICHKEITEN

Wovon träumen Frauen? In einer Befragung unter verheirateten Frauen (Redbook, 1996) antworteten fünfzig Prozent auf die Frage „Wovon träumen Sie am meisten?" mit dem Satz: „Davon, mehr Zeit für mich zu haben". Sicher wüsste so mancher Mann gern, wozu seine Frau denn diese ersehnte, ihm vorenthaltene Zeit gebrauchen würde; und sicher wäre er nicht nur erleichtert, sondern auch enttäuscht, wenn die Antwort hieße: „um endlich wieder einmal alte Strümpfe auszusortieren". (Obwohl Frauen eine stille, einsame Stunde auch mal dafür verwenden.)

Sie könnte aber auch von einem Bad träumen, luxuriös und duftend, sinnlich und entspannend, von Kerzen, die sich im Spiegel widerspiegeln und ein weiches Licht auf den Körper werfen, von Düften und Rosenblättern, einem Glas Champagner und gewärmten Badetüchern, die in der Fantasie durchaus ein schöner Mann für sie ausbreiten könnte, um sie darin einzuhüllen. Musik könnte ins Bad dringen, der weiche, rollende Klang arabischer Musik zum Beispiel, der das Fächeln der Palmen in der warmen Nacht hervorzaubert oder das Bild eines türkischen Bades oder eines Harems der luxuriöseren Sorte, wo Frauen sich gegenseitig schön machen, essen, trinken, tanzen, Karten spielen.

Warum sollte sie nicht in ihrem Bad erotischen Fantasien nachhängen? Oft verwandeln sich die Prinzen im normalen Leben in Frösche; in der Fantasie dagegen könnte ruhig ein Prinz vom Himmel fallen, der für ein Weilchen Prinz bleibt, zielgenau auf dem Dach landet und – weil er weiß, was er will – die Schöne in ihrem Orangenblütenbad findet. Warum sollte sie nicht von zarten Küssen der ganzen Wirbelsäule entlang träumen, wenn sie sich mit einem neuen Öl, einer neuen Body Cream massiert. Oder von der Liebkosung ihres schließlich reizenden Fußes, während sie die Nägel lackiert? Von begehrlichen Blicken, während sie die Augen schließt und eine Gesichtsmaske wirken lässt?

Es braucht ja nicht immer einen Prinzen und nicht immer den Gedanken an den eigenen Mann. Was es aber für ein solches Bad braucht, ist Zeit. Der Genuss wächst mit der Langsamkeit, der Fülle an freien Minuten. Am Morgen reizt der Gedanke an ein solches Bad weniger als am späten Nachmittag, in der einsetzenden Dämmerung, vor einem Date oder einem ganzen Abend mit sich allein.

Bei diesem Ritual mögen wir uns selbst und pflegen damit nicht nur den Körper, der ohne viel Aufhebens so viel für uns leistet, sondern auch unsere Seele. Wir sind in jedem Sinne des Wortes nach einer solchen Stunde schön, begehrenswert, weiblich und strahlend – auch für uns selbst. Erst recht für uns selbst.

2

Ein Garten für die Seele – nah beim Haus und doch schon draußen

Wer für immer glücklich sein will, muss Gärtner werden", lautet ein chinesisches Sprichwort. Da verwundert es nicht, dass so viele Frauen sich ein Eckchen schaffen, in dem sie gärtnern können. Im eigenen Garten, im Schrebergarten, im Hinterhof, auf dem Balkon oder vor dem Küchenfenster – ein Platz findet sich immer.

THYMIAN UND ROSMARIN –
DER KRÄUTERGARTEN VOR DEM KÜCHENFENSTER
UND ANDERE GARTENFREUDEN

Ich träume von einem verwunschenen Garten und habe nicht einmal einen Balkon. Aber ich habe Fenstersimse, und auf denen entfaltet sich, mit Unterbrechungen, mein Gärtnerherz. Ich kann sogar den Zustand meiner Seele an den Terrakottatöpfen und Blumenkisten ablesen: Ihr Zustand verrät mir eine Menge über meine eigene Befindlichkeit.

Zur Zeit herrscht traurige, öde Wüstenei. Welk und verblichen, vom Regen ramponiert, klagen mich die Astern und Chrysanthemen an, die bis vor kurzem ein warmes Rostrot und Gelb vors Fenster gezaubert haben. Nur der Efeu, den ich als Umrandung in meine Kisten gepflanzt habe, hält durch und breitet sich ungeniert nach allen Seiten aus. Die Erde sieht grau und ungepflegt aus, sie braucht eine Auffrischung, und ich habe das Fensterbrett schon lange nicht mehr sauber gemacht. Vertrocknete Blätter und alte Spinnennetze liegen in den Ecken.

Keine Zeit zum Gärtnern! – Keine Zeit für mich, heißt das, keine Ruhe, meinen „Garten" und mich winterfest zu machen, mich einzustellen auf die dunkle Zeit, die jetzt kommen wird. In der man sich nach Hause, ins Warme zurückzieht und Gemütlichkeit, Geborgenheit sucht.

Die zwei kleinen runden Buchsbäume vor dem Schlafzimmerfenster sind

unregelmäßig nach allen Seiten gewachsen, ich sollte sie zurückschneiden. Der Salbei ist halb vertrocknet, weil ich nicht mal ans Gießen gedacht habe, und dann steht da noch ein Topf, in dem hässliche braune Stengel gar nicht dekorativ an die Vergänglichkeit erinnern.

Aber: Man kann ein Ritual nicht beliebig und zu jeder Zeit durchführen. Es entfaltet seine heilsame Wirkung nur, wenn man es zum rechten Zeitpunkt ausübt ...

Ich kann meine Blumenkisten erst dann in Ordnung bringen, wenn ich Zeit gefunden habe, mich selbst auf die neue Jahreszeit einzustellen. Die Wintersachen habe ich schon vom Boden geholt (ein Ritual auch das für einen trüben Samstag oder Sonntag). Die Sommersachen gewaschen und gereinigt nach oben gebracht. Noch bin ich aber unsicher, wie ich mich nun eigentlich anziehen soll. Stehe noch zwischen den Zeiten. Weiß eigentlich gar nicht recht, wie ich mich fühle. Habe meine Seele, wie die Blumentöpfe, lange nicht mehr angeguckt.

Noch bin ich auch unsicher, wie ich meine Blumenkisten für den Winter bepflanzen soll. Mit Erika, die, irgendwann trocken geworden, immer noch einen Abglanz ihrer dunkelroten Farbe verbreiten? Oder soll ich nur die Strünke der verblühten Pflanzen herausziehen, die Erde lockern, auffüllen, den Efeu zähmen und das Ganze mit Tannenzweigen belegen? Ach ja, letztes Jahr habe ich rote Weihnachtskugeln in das Tannengrün gelegt und

Zypressengrün unterge-
mischt.

Aber dann wird auch
die Wohnung danach ru-
fen, mal wieder so richtig
aufgeräumt zu werden,
damit Innen und Außen
nicht zu sehr voneinander
abweichen und jedes mit
jedem in Balance kommt.

Man sieht: Bei einem
Ritual müssen die Begleit-
umstände stimmen. Und

das braucht Zeit. Braucht ungestörte, eigene Zeit ... Zeit für sich selbst.
Zeit für die Seele.

Schön, wenn man dann all den alten Kram im Frühling abräumen und
Platz für Neues schaffen kann! Die ersten Primeln pflanzt und sich die
ersten Osterglocken öffnen. Da ist es ein Leichtes für die Seele mitzuziehen.
Leicht zu werden wie die Frühlingsluft. Sich zu dehnen und zu strecken.

Mit dem Hacken und Lockern der Erde löst sich die Stimmung, im Garten kommen die Schneeglöckchen, die Krokusse hervor, drängt neue Farbe

ins Leben. Alles wächst – unvorstellbar, bei der Gartenarbeit im Frühling gleichgültig und stumpf zu bleiben! Nichts zu hoffen, nichts zu ersehnen!

Wer einen Balkon bepflanzt, kann sich für den Sommer mit relativ wenig Aufwand ein schönes „Gartenplätzchen" schaffen und sich dann – auch das ein schönes Ritual – so oft das Wetter und die Zeit es hergeben, mit Zeitung und Drink wie draußen in der Natur fühlen.

Wer einen richtigen Garten hat, muss im Sommer mehr Zeit für die Gartenarbeit aufwenden und empfindet das Unkraut jäten vielleicht nicht gerade als das schönste Ritual. Und trotzdem: Wenn man es einmal geschafft hat, die Gartenarbeit nicht mehr als Zeit raubend, sondern als Zeit gebend anzusehen, entdeckt man, wieviel Platz beim Jäten für die eigenen Gedanken bleibt und wie gut es sein kann, ab und zu mal altes Unkraut – auch im Kopf – zu beseitigen.

Im Augenblick sind der Sommer und die Sommerrituale noch weit. Aber ich habe es geschafft, Haus und Fenstersimse und mich selbst auf den Winter einzustimmen. Draußen habe ich sogar noch eine dunkelrote Dezemberrose gefunden. Und weil gerade gestern der erste Schnee gefallen ist, habe ich mir erlaubt, sie abzuschneiden und auf meinen Schreibtisch zu stellen. Neuer Tee ist aufgebrüht, für Kerzen ist gesorgt und ich bin bereit.

DER IMAGINÄRE GARTEN

Gärten, diese Mischung aus Natur und Menschenhand, wirken beruhigend und besänftigend, gleichzeitig belebend und anregend. Sie laden ein, Hektik und Stress zurück zu lassen und den Gleichklang mit dem Rhythmus der Natur zu suchen, sich den Sinnen zu öffnen: zu sehen, zu hören, zu riechen. Es ist, als ob man die meiste Zeit über mit abgeschalteten Sinnen durch die Welt liefe, und einen solchen Ort brauchte, um sich wieder als ganzen Menschen wahrzunehmen – um aufzuwachen und gleichzeitig ruhig zu werden.

Nur schon die Vorstellung eines Gartens kann diese Wirkung entfalten. Wenn Sie Ruhe brauchen oder auftanken wollen und nicht hinaus können oder wollen, können Sie, wenn Sie ein paar Minuten Zeit für sich haben, in Ihrem Lieblingssessel, auf dem Bett liegend oder – wenn Sie das gewohnt sind – im Meditationssitz die Augen schließen und sich „Ihren" Garten vorstellen. Einen Garten aus Ihrer Kindheit oder den Garten ihrer Träume. Gleich wie: Ihre Vorstellungskraft wird Ihnen genau den richtigen, nämlich „Ihren" Garten vors geistige Auge zaubern. Betreten Sie ihn durch das Gartentor – oder sehen Sie ein steinernes Tor vor sich und eine Mauer? Vielleicht ist Ihr Garten aber auch wild und überwuchert und kaum noch eingezäunt, umgeben ihn Hecken und Brombeerranken, der nahe Wald oder freies Feld.

Schauen Sie sich Ihren Garten gut an. Was möchten Sie tun? Sich auf die alte Gartenbank setzen, auf die Wiese oder auf einen Stein und sich einfach ausruhen? Nach den Blumen sehen oder welche sammeln? Ein Nickerchen machen? Einfach spazieren gehen? Wege und Beete anlegen oder jäten, pflanzen, räumen; Früchte sammeln oder Stauden hochbinden – oder vielleicht einen Teich anlegen?

In Ihrem Garten können Sie tun, was Ihnen gefällt, was Ihnen gut tut. Sie können sich in ihn zurückziehen, wenn Sie allein sein wollen, wenn Sie Abstand zu Menschen und Situationen suchen oder mit sich selbst ins Reine kommen möchten. Wenn Sie aus Ihrem Fantasiegarten zurückkommen, werden Sie sich jedenfalls gut und vielleicht erleichtert fühlen.

Und was der imaginäre Garten bietet, kostet keinen einzigen Pfennig!

3

In der Stadt – Shoppen oder auch nur ganz viel gucken

Heute weiß ich: Ich will ganz neu werden und dann ganz, ganz schön aussehen, neu und zufrieden. Und ich weiß: Heute wird das nicht so ein Bummeln und Gucken in schöner Unentschiedenheit und lustvoller Entschlusslosigkeit; heute wird gekauft, unbedingt. Nein, auch kein Frustkauf, eher das Gegenteil. Frühlingsgefühle im November, innerer Aufschwung und die Lust, ein neues Leben anzufangen (na gut, aber wenigstens ein neues Outfit!). Ich gehe also auf die Jagd. Und ich weiß auch, was ich will.

EIN EISBLAUER MANTEL

Eigentlich bin ich keine begnadete Shopperin. In den Läden ist es stickig, und ich hasse dieses ewige Aus- und Anziehen. Also zu Hause schon so anziehen, dass das Ausziehen nachher leichtfällt, und nicht so warme Sachen wählen, in die man gar nicht mehr hineinwill beim siebten, achten Mal; das ist meine Empfehlung an mich und an alle, die ähnlich schnell ungeduldig werden.

Ich gehe also in die Stadt. Ich mache die Runde bei meinen Lieblingsläden. Und alle haben sie was Schönes (manchmal, immer dann, wenn ich einen Frustkauf mache, haben sie alle gar nichts, und ich kaufe trotzdem). Wunderbare Unterwäsche (sehr teuer!), Pullover in allen meinen Lieblingsfarben, Schuhe, Strümpfe, Lippenstifte. Ja, ich bin so. Wenn schon, denn schon. Und das Geld? Ist schließlich meins. Selbstverdient. Und heute bin ich nicht streng mit mir selbst. Heute nicht. Weil es mir so gut geht. Auch ohne die neuen Klamotten und den ganzen Kram. Da guckt man nicht auf den Pfennig, sondern genießt den Rausch der totalen Erneuerung.

Und wer weiß, ob morgen die Welt noch steht. Oder ich noch glücklich bin. Oder noch Geld habe, um mir was zu kaufen.

Und dann geh ich in ein schönes Café, mein Lieblingscafé, unten am Fluss, der frisch und schnell dahinfließt. Ein paar Enten kämpfen sich stromaufwärts, der Schwan lässt sich gleiten und die Möwen wollen zum See. Der

Kaffee hat ein Schäumchen. Ich sitze da, die Tüten und Taschen um mich, lächle meinem Tischnachbarn zu, einem alten Herrn, immer liest er hier die Zeitung, und genieße die Zeit mit mir. Wie man einen schönen Augenblick nur genießen kann.

Andere Frauen, andere Rituale. Die einen streifen und schnuppern häufig durch „ihre" Läden und bleiben dabei immer preisbewusst und unbeirrt bei ihren Vorsätzen, andere – wie ich – raffen sich selten zum Kleider kaufen auf und schlagen dann – o schöner Rausch – gewaltig zu.

Dann gibt es die erwähnten Frustkäufe, auch ein Ritual, wenn wieder mal alles schief gelaufen ist. Sie werden begangen mit einer Mischung aus

schlechtem Gewissen (das Geld!), bitterer Entschlossenheit, Trotz und der Vorahnung, das Falsche zu kaufen. Trotzdem kann auch dieses Ritual sehr befriedigend und vor allem notwendig sein.

Ein heiß geliebtes Einkaufsritual ist für mich der Besuch bei „Searle". Gottseidank befindet sich dieser Laden in New York, weshalb ich nicht allzuoft dorthin komme. Das Searle-Ritual würde mich sonst vermutlich ruinieren. In diesem Geschäft gibt es die schönsten Mäntel, und leider finde ich jedesmal einen, den ich in dieser Art noch nicht habe.

Einmal im Jahr also, im September, während ich für eine Woche schwer beschäftigt in New York herumrenne (Arbeit!), zieht es mich in besagte Richtung. Zunächst betrachte ich das Schaufenster. Sieht gar nicht so besonders aus diesmal. Ich könnte also einen Blick riskieren. Wahrscheinlich gibt es diesmal keinen Mantel, den ich unbedingt haben müsste, und das würde mich erleichtern, aber auch enttäuschen, ich gebe es zu. Gar nichts da, diesmal. Und den einen, dahinten, den lassen wir aus. Alle habe ich anprobiert. Unnötig! Und diesen einen soll ich nun nicht probieren? Einen einzigen nicht? Als ich doch nach ihm greife, weiß ich: Er ist es. Natürlich ist er es. Hellblau, nein, eisblau, und ein Tweed wie ein Teddy. Ich habe es sofort gewusst, als ich den Laden betrat und die Reihen entlangsah. Ich hatte nämlich schon mal so einen Mantel. Als ich ein Kind war. Er war mein größter, geliebtester Schatz und ein Ableger von meiner fünf Jahre älteren Cousine, die aus ihm heausgewachsen war. Und dieser hier hat fast den gleichen Schnitt!

Wenn ich jetzt meinen blauen Mantel anziehe, dann ist das jedesmal eine Erinnerung an New York. Und an meine Kindheit. Und daran, dass ich mich immer noch oft so fühle, wie ich es als kleines Mädchen tat.

DER ORT DER TRÄUME – KINO AM NACHMITTAG

Frauen sind romantisch. Auch wenn sie eigentlich ganz sachlich sind, praktisch, analytisch, zäh, beharrlich und konkret. Auch wenn sie Organisationstalente sind, was von Zahlen verstehen und den Laden schmeißen. Frauen wollen Rosen geschenkt bekommen, keinen Haartrockner. Lacan hat einmal gesagt: Frauen wollen mehr begehrt als geliebt werden. Dieser Satz hat mich empört. Und doch ist etwas dran, sonst hätte er mich wohl kalt gelassen. Frauen jagen und sind dabei wahrscheinlich subtiler und begabter als Männer (und nicht weniger grausam). Aber sie wollen auch entwaffnet werden.

Weil Frauen romantisch sind, gehen sie gern ins Kino. Mit Vorliebe in Liebesfilme. „Großes Gefühlskino" heißt es anspruchsvoller und meint doch dasselbe. Wenigstens manchmal lechzen wir danach, oder etwa nicht?

Das Kino an sich ist schon romantisch, auch ohne Film. Ein Ort der Erwartung, manchmal der Offenbarung. Das Foyer. Prunkvoll oder dämmrig. Mit Bar oder mindestens mit Eis und Popcorn, je nachdem, wie erwachsen wir uns gerade fühlen. Altmodisch oder futuristisch. Und dann die dicken Vorhänge, die Türen, die zum Geheimnis machen, was sich in dem dunklen Raum dahinter abspielt. O Gott, diese dramatische Schlussmusik, die aus der vorhergehenden Vorstellung, die gerade zu Ende geht, doch nach draußen, zu uns, dringt, und Tränen verheißt. Ich weine gern im Kino; die Tränen

laufen mir still herunter, weil das Schöne und das Traurige so nahe beieinander liegen. So ist es eben, und hier wird es wieder mal vorgeführt. Und dann noch von lauter schönen Menschen. In einem dunklen, geschützten Raum. Wo man auch unter Vielen allein mit sich und seinen Gefühlen ist. Wo die eigene Phantasie sich ausbreiten, ins Dunkle fliegen darf. Ein Gefühl der Katharsis, der Reinigung, der Läuterung, wenn ich aus dem nur leicht erhellten Zuschauerraum (ja, die wissen schon Bescheid!) herausstolpere und mein unscheinbares Leben wieder in die Hand nehme. Es ist dann ein bisschen farbiger, lebendiger und von einem Schmelz überzogen, von einem Ton durchdrungen, den der Film in meiner Seele angeschlagen hat – oder den meine Seele selbst als Antwort hervorgebracht hat.

Wenn ich dieses Gefühl, welches das Kino mir vermittelt, ganz dringend brauche, gehe ich nachmittags allein ins Kino. Ein echtes Ritual. Eines das, wenn der Film stimmt, herrliches Wohlgefühl verspricht: Belebung, Erfrischung, Trost, Bestätigung, neuen Mut, Sehnsucht, Lust. Mit andern ins Kino gehen ist schön. Abends ins Kino gehen ist auch schön. Aber nachmittags allein ist es am allerschönsten. Denn dann habe ich das, was ich brauche, ganz für mich allein. Man kann und will ja nicht alles teilen und man kann auch nicht immer alles mit einem anderen Menschen gleichzeitig gemeinsam empfinden. Manchmal will man nur mit sich und der eigenen Fantasie allein sein. Da sitzt man dann, und zwei, drei andere Gestalten, denen es ähnlich geht und die deshalb ganz weit weg von einem sitzen, sodass ja keiner den andern stört.

Und nur, wenn ich allein ins Kino gehe – das gehört zur romantischen Melancholie –, denke ich auch an die Zeit, als ich zum ersten Mal mit einem Jungen, den ich überwältigend großartig fand, zielstrebig und ohne Worte auf die

letzte Reihe zusteuerte. Der Film war lang. Dr. Schiwago dauert drei Stunden. Der größere Zusammenhang der Geschichte blieb mir an diesem Nachmittag verborgen. Eis und Schnee und Liebe und Stars und Pelzmützen. Wunderbar.

Heute gibt es Zweiersofas in manchen Kinos. Völlig witzlos. Die Armlehne dazwischen ist es doch gerade, die das Ganze spannend macht.

EINFACH NUR SO DURCH DIE STRASSEN – NEUE UND ALTBEKANNTE STADTVIERTEL ERKUNDEN

Als Kind bin ich viel allein durch Straßen gelaufen. Das war ein Gefühl von Einsamkeit, aber auch von unbegrenzter Zeit für mich und die Welt rundherum. Ich sah mir alles ganz genau an, als sei ich auf einem fremden Planeten, an einem ganz unbekannten Ort gelandet: die Häuser, die Dächer, die Straßen, die Steine, die Bäume, die Fußgänger, die Läden, die Straßenlampen. Die dazugehörigen Formen und Farben. Gesichter. Meine Schuhe auf dem Pflaster. Ich dachte immer: Das muss ich mir ganz genau einprägen, damit ich es nie wieder vergesse. Damit ich behalte, wie es alles ist, war. Ich fütterte mein Gedächtnis mit Details. Gerüchen. Farben des Himmels. Dem Quietschen der Straßenbahn. Hunden und ihren Herrchen. Ohne zu denken, prägte ich mir die Bilder einfach ein. Versuchte, die Stimmung dieser Bilder aufzubewahren, in meinem Kopf, meiner Erinnerung.

Ich laufe auch heute noch gern durch die Straßen und lasse die Welt der Dinge auf mich einwirken. Eine Entdeckerin in altbekannten Straßen und Vierteln. Und es lässt sich immer wieder Neues entdecken. Mich erholen solche Spaziergänge. Ich bin dann in der Welt und doch mit mir allein. Bin eine Sammlerin von Augenblicken, Kulissen, die mir immer wieder mal einfallen, eine Geschichte farbig machen, eine Erinnerung auffrischen.

Man könnte eine Kamera mitnehmen und auf diesen Streifzügen durch das Bekannte fündig werden. Fotografieren. Den Blick erproben und die Umgebung zu Bildern gestalten. Frauen haben einen guten Blick für die kleinen Dinge und ihren Zauber, für die Magie der Dinge. Und fast alles entfaltet eine ungeahnte Magie, wenn man nur neu, anders, hinsieht – als sei man in einer fernen Welt gelandet.

Das Ritual: So tun als ob man alles zum ersten Mal sieht, hat etwas von einem Kinderspiel. Spielen ist schön. Spielen ist kreativ. Intensiv. Hingebungsvoll. Im Spiel entstehen die schönsten Gedanken und Ideen.

Das ganze Leben spielerischer angehen würde heißen: tun, was man wirklich tun will; das was man tut, gern tun. Im Spiel vergisst man die Zeit – und das heißt, man hat viel davon ...

Ich habe eine Freundin, die das kann: einkaufen spielen, kochen spielen, aufräumen spielen – wie früher mit dem Einkaufsladen und dem Puppenhaus. Ich habe nie das Gefühl, dass sie angespannt, überarbeitet oder im Stress ist (obwohl ich sehe, wieviel sie arbeitet). Sie zieht drei Kinder allein auf und hat doch Zeit für jedes, Zeit, mit den Katzen zu spielen, die Zeitung zu lesen, ein Bad zu nehmen, wenn ihr danach ist. Ich glaube, das kann man nur schaffen, wenn man spielen kann oder zumindest so tun, als ob man spielt. Kinder spielen nicht nur mit einer bewundernswerten Konzentration, sie lieben auch Rituale. Rituale sind in eine wiederholbare Form gegossene Spiele.

IM LIEBLINGSCAFÉ

Was wäre die Welt ohne das Lieblingscafé oder das Lieblingsbistro, wo man sich fast so wohl fühlt wie zu Hause – und manchmal besser? Ohne diesen Ort, wo einen die Kellnerin kennt und sogar zu mögen scheint? Das höchste der Gefühle ist es, wenn sie schon ahnt, was man will und nur noch fragt: „Wie immer?" Oder nur nickt, mit dem kleinen Abwarten im Nicken, falls sich die Bestellung wider Erwarten doch ändern sollte. Ach, wie gern verzeihen wir ihr, dass sie ein bisschen langsam ist und es ewig dauert, bis man sein Geld losgeworden ist, weil sie zwar gern Bestellungen aufnimmt, aber nicht gern abkassiert.

Wie freuen wir uns über den immer gleichen Witz des Kellners, der der Begrüßung etwas vom Reiz des Zusammentreffens zweier verschworener Kumpane gibt, die ein Codewort tauschen ...

Ja, hier lieben sie einen, wie man ist, denn die Ansprüche aneinander sind bescheiden. Aber vertraut miteinander ist man doch, das stellt sich so ein, wenn man möglichst immer auf dem gleichen Platz sitzt und so nebenbei alles Mögliche aus dem Leben der andern mitkriegt: gute und schlechte Laune, Ferien, Krankheitsausfälle, auftauchende und wieder verschwindende Liebhaber, Ehegatten und Kinder.

Eine schöne, eine überschaubare Welt, heimatlich und doch anonym, unverbindlich mit ein bisschen Verbundenheit, ein Platz, um andere Men-

schen zu treffen oder mit sich allein zu bleiben. Manchmal, wenn einem zu Hause die Decke auf den Kopf fällt, ist hier genau der richtige Ort, um Zeitung zu lesen. Kurz: das Lieblingscafé, die Lieblingskneipe sind unersetzlich!

JETZT NUR NOCH ZUM FRISEUR!

Meist nützt ein Bad, eine Feuchtigkeitsmaske, ein Ausprobieren des neuen Make-ups. Aber manchmal hilft nur noch eines: der Gang zum Friseur. Wer sich selbst so verleidet ist, dass er sich nur noch alt und unansehnlich, verhärmt, bitter und glanzlos unattraktiv vorkommt, kann nicht gut mit sich allein sein. Jetzt muss jemand her, der hilft, dass wir uns wieder gerne haben. Die Kosmetikerin, der Friseur, eine Massage.

Wir halten still, und der andere vollbringt das Wunder an uns, während wir schweigen, in Illustrierten blättern, ein paar Worte wechseln, die Augen schließen. So passiv sind, dass es geradezu hilflos aussieht. Aber dazu sind wir ja hier: dass uns wieder zu uns selbst verholfen wird, zu der schöneren Ausgabe unserer selbst. Zart duftende Lotionen, leichte Kopfmassagen, kundiges Scherenklappern oder eine halbe Stunde nur für den Rücken oder die Füße – alles nur für uns. Keiner, mit dem wir was teilen müssen, Zeit der Hingabe an sich selbst, delegiert an andere: der Inbegriff des Luxus!

Singles, die sich häufiger selbst verwöhnen können als Mütter und Ehefrauen, fühlen sich dabei vielleicht weniger selig als die unter uns, die ständig andere verwöhnen und selbst so wenig verwöhnt werden.

SAMSTAG NACHMITTAG IN DER SAUNA

Nicht ganz so luxuriös, aber auch nicht ganz so teuer sind die Stunden in der Sauna. Eine meiner Freundinnnen hat ein fast unumstößliches Ritual daraus gemacht: Sie verbringt den Samstag Nachmittag in der Sauna. Das ist ihr Geschenk an sich und eine Zeit, die nur ihr gehört.

Sauna ist gesund, pflegend, entspannend und dauert lang genug, um die Alltagshektik nachhaltig zu unterbrechen: Nach einem Saunabesuch kann man nicht einfach im gleichen Tempo weitermachen – ähnlich übrigens wie nach einer ausgiebigen Massage.

TOURISTIN IN DER
EIGENEN STADT

Auf Reisen sind wir bestens vorbereitet: Wir wissen, welche Sehenswürdigkeiten eine Stadt, eine Gegend zu bieten hat und machen ganz selbstverständlich Sightseeing. Deshalb sind wir schließlich an diesen Ort gekommen: um ihn kennenzulernen.

Da, wo wir wohnen, kennen wir uns oft nicht so gut aus wie in fremden Städten. Zu selbstverständlich ist die Umgebung, als dass wir aufmerksam und interessiert hinschauen würden. Hier läuft uns nichts weg; was hier ist, ist immer da. Wie in einer alten Beziehung. Aber wie in einer alten Beziehung könnte es sehr fruchtbar und anregend sein, wieder einmal genau und liebevoll hinzuschauen – auf das Alltägliche, das so vertraut geworden ist, dass es aus Unachtsamkeit schon wieder fremd, fast schon gleichgültig geworden ist.

Das eigene Wohnviertel, die Museen und Galerien der Stadt, Theater, Parkanlagen, Industriequartiere, die Außenbezirke, die Endstationen der Straßenbahn- und Buslinien – wer kennt sie eigentlich so richtig?

Man muss nicht weit, um Neues zu entdecken. Gleich vor der Haustür kann man damit anfangen. Wer weiß, was für unerwartete Abenteuer, Begegnungen, Zufälle und romantische Ecken auf uns warten?

FITNESS FÜR KÖRPER UND GEIST

Immer mehr Frauen achten bewusst auf ihren Körper – sie wollen nicht nur schön, sie wollen auch fit sein. Nicht nur für die Männer, auch für sich selbst. In jedem größeren Ort gibt es Fitnesscenter, und Frauen stellen einen großen Teil der Besucher und Dauerkunden. Auch körperliches Training, ob das nun an Maschinen stattfindet oder beim Schwimmen, in der Aerobicstunde oder beim Jazztanz, ist mit sich selbst verbrachte Zeit. Die Konzentration auf den Körper ist nur scheinbar etwas Mechanisches – auch wenn wir hier ausdrücklich etwas für den Körper tun wollen: unser Geist, unsere Psyche sind immer dabei. Und auch sie haben etwas vom Training, denn körperliche Bewegung stimuliert den Geist, hebt die Stimmung und sorgt für innere Ausgeglichenheit. Im Yoga und bei vielen körpertherapeutischen Ansätzen wie beim Atemtraining, dem Autogenen Training oder der Alexander-Technik sind von vornherein und ganz bewusst Körper und Seele gleichzeitig angesprochen. Sie dienen vor allem der Harmonisierung von Seele und Körper, wirken präventiv und entspannend. Dass man sich dadurch auch fitter fühlt, ist eine angenehme Nebenwirkung dieser Methoden. Die so mit sich selbst verbrachte Zeit ist gut investiert – in das eigene Wohlbefinden und die Zukunft. Ein richtiges weibliches Ritual wird daraus, wenn man das Drumherum möglichst angenehm gestaltet – anschließend essen oder ins Kino geht oder sich verabredet. Vielleicht sogar mit dem eigenen Mann.

AUF DEM MARKT

Wer auf die Schnelle einkaufen will, geht in den Supermarkt. Wer auf den Wochenmarkt geht, vollzieht ein Ritual.

Ich habe dieses Ritual von meinem Vater gelernt, es dann lange vergessen und schließlich wieder entdeckt. Ich bin nicht ganz so streng mit mir, wie es mein Vater war, der jeden Samstag, bei Wind und Wetter, mit dem Marktgang das Wochenende eröffnete.

Bei mir muss die Sonne scheinen, wenigstens regnen darf es nicht. Weil ich sonst die Hände nicht frei habe und der Schirm mir die Sicht nimmt und sich zum Schluss klatschnass zwischen all den Tüten und Taschen verhakt, wenn ich in die Straßenbahn steige. Aber was ich auf dem Markt besorge, hat Tradition. Schon mein Großvater, der sehr dickköpfig war, war unter keinen Umständen bereit, auf sein Lieblingsbrot von seinem Lieblingsbäcker und seine Lieblingswurst von seinem Lieblingsmetzger zu verzichten, und mein Vater war genauso. Deshalb stand die Route für den Markt unverrückbar fest. Brot (der gute Sonntagsstuten), Butter, Wurst und dann die Blumen (wenn möglich zu guter Letzt eine Gerbera, die waren damals Mode). Nein, kein Gemüse. Das hätte zu weit geführt für einen Junggesellen, der nicht kochte. Es wäre gelogen, zu behaupten, dass ich als Kind besonders gern mitgegangen wäre – viele Rituale, die man in der Kindheit wohl oder übel mitmachen muss, werden erst viel später attraktiv: wenn man selbst

Rituale braucht, um sich zu entspannen, um das Einerlei des Alltags zu strukturieren und das Chaos in einem und um einen herum zu meistern.

Ich also kaufe nun auch immer das gleiche Brot beim gleichen Marktstand, wenn auch in einer ganz anderen Stadt, und dieses Brot hängt mir noch immer nicht zum Hals heraus, wirklich!

Aber natürlich ist das nur ein Aspekt des „Marktrituals". Zum Markt gehen, das heißt: Es ist Samstag, Wochenende. Das heißt Zeit haben, einen anderen Gang einlegen, trödeln, bummeln, gucken. Das heißt andere Gedanken denken und Zeit für diese Gedanken haben. Das heißt Vorfreude – auf das Kochen, auf ein schönes Essen, auf Freunde und/oder Familie.

Doch auch das erklärt noch nicht ganz, warum viele Leute (nicht nur Frauen, auch Männer) so gern auf den Markt gehen. Warum sie sich danach so wohl fühlen. So leicht und beschwingt sind, obwohl sie schwere Taschen mit Kartoffeln und Marmelade heimgeschleppt haben.

Der Markt rückt wieder ins Zentrum, was wir in der Woche vergessen haben: die Natur, die einfachen, köstlichen Sachen, die das Leben erhalten und schön machen, die Vielfalt an Gerüchen, Formen, Farben, den Duft und Geschmack der einzelnen Jahreszeiten und dessen, was sie in einzelnen Gegenden hervorbringen. Der Markt rückt das alles wieder in den Blick. All das gibt es auch noch, neben dem Frust und dem Lärm und der Arbeit der letzten Woche! Und es ist der reine Genuss: erst für die Augen und dann geraspelt und gekocht, gebraten und eingemacht. Das macht nicht nur Appetit, das macht auch satt und friedlich und glücklich. Der Markt ist der Ort, wo ganz elementare Bedürfnisse befriedigt werden und wo man sich selbst auch einen Moment vergessen kann. Denn der Markt schafft auch das: uns wieder zurecht zu schrumpfen auf das, was wir sind: ein kleiner Teil der Natur, nicht mehr und nicht weniger.

Das Marktritual kann natürlich beliebig ergänzt werden: vorher im Café frühstücken oder nachher, möglichst draußen, einen Kaffee trinken. Sich anschließend mit jemandem auf ein Glas und ein Häppchen treffen.

Ich persönlich bringe meine Schätze gleich nach Hause, weil ich die Blumen ins Wasser stellen will. In der Wohnung riecht es noch nach Kaffee, wenn ich heimkomme. Und wenn ich alles verstaut habe und die Wohnung mit dem Obst, den Blumen, den dekorativen grünen Kräuterbüscheln in den Gläsern wie im Schöner-Wohnen-Lifestyle-Teil der Frauenzeitschrift aussieht, mach ich mir noch einen Kaffee, schneide gleich das frische Brot an (siehe oben) und genehmige mir was von dem frischen Käse …

Als Stimmungsaufheller wirkt der Marktbesuch immer. Übrigens ist auf Reisen ein Besuch auf dem Markt eine der schönsten Möglichkeiten, einen Ort oder ein Land in seiner Lebensart kennenzulernen.

4

In der Natur

ie „blaue Blume", Symbol ewiger Sehnsucht und ewigen Werdens, suchten die
romantischen Dichter in der Natur. In
ihr fühlten sie sich als Teil der Unendlichkeit; aufgehoben im natürlichen Zyklus von Wachsen
und Vergehen spürten sie die Unbegrenztheit der
menschlichen Seele, wurden sie eins mit dem Univer-
sum. Auch ohne so hoch zu greifen – die Natur hat
heilende Kräfte. Da gibt es das Gleichgewicht der
Jahreszeiten, in denen alles Platz hat: Aufbruch und
Neubeginn, Fülle und Reife, Tod, Sterben und neuer
Anfang.

In der Natur finden darum auch die Gefühle Platz, die mit diesen Phasen, die wir auch am eigenen Leib erfahren, einhergehen: Erwartung, Hoffnung, Sehnsucht, Glück, Müdigkeit, Trauer. Für mich ist es zu einem heilsamen Ritual geworden, meine Unsicherheiten und Fragen, Verwirrung und Angst, Wut oder Sehnsucht in die Natur zu „tragen" – und sie bei einem Spaziergang im Wald, am Wasser, querfeldein „abzulegen". Das geht nicht in fünf Minuten. Der Kopf ist vielleicht dumpf vor lähmender Ratlosigkeit, oder die Gedanken wirbeln und fallen ungeordnet und unkonzentriert durcheinander. Oder ein Gedanke beherrscht den Kopf und nichts, aber auch nicht ein anderer Gedanke hat eine Chance daneben ... Zeit, dass der Körper, der Kopf in Bewegung kommen, damit sich etwas ändern kann! Mit dem Laufen ordnen sich wie durch ein Wunder Gefühle und Gedanken – indem die Beine ihren Rhythmus finden, finden auch die Gedanken ihren Platz, fallen die Puzzleteilchen zu neuen Mustern im Kaleidoskop unseres Denkens. Die Natur hilft besser bei diesem Prozess als alles andere; sie ist einfach da, auf gute Weise da. Diese Erfahrung ist so beruhigend und gut, dass der Spaziergang im Wald zu meinem Problemlöseritual Nummer eins geworden ist. Es kann auch ein Park, eine Uferpromenade, ein Feldweg sein; aus dem Spaziergang kann eine Wanderung werden oder für Sportlichere kann es Walking, Jogging oder das Fahrrad brauchen – ich glaube jedenfalls, diese Form des „Problemabarbeitens" und „Problemablegens" ist ein ungeheuer hilfreiches Ritual.

EIN SPAZIERGANG IM WALD

Heute war so ein Tag: perfekt, wie ein Tag nur sein kann. Ein Septemberhimmel, hellblau ausgespannt, leicht und klar und hoch. Eine freundliche Wärme, die schon Abschied vom Sommer genommen hat, eine auffrischende Brise, die noch keine Blätter aufwirbelt, höchstens den Wunsch weckt, ein Vogel zu sein, die Flügel auszubreiten und sich von der Luft tragen zu lassen. Es ist Sonntag, und ich habe diesen Sonntag allein für mich, ein Ruhetag zwischen zwei besonders vollgepackten Arbeitswochen.

Die plötzliche Stille, das Fehlen anderer Menschen um mich irritiert mich; eigentlich weiß ich mit den geschenkten Stunden und mit mir gar nichts Richtiges anzufangen, und morgen geht der Stress schon wieder los. Ich rufe bei ein paar Freunden an, aber die sind alle unterwegs. Kein Wunder, bei so einem Tag. Also kein Spaziergang zu zweit oder zu dritt, kein: „Komm doch auf ein Glas bei uns vorbei!"

Und dann raffe ich mich auf, gehe zum Wald hinauf. Mache „meine" Runde, den Rundweg, den ich immer mache, mindestens einmal in der Woche. Die Äste eines Quittenbaums ragen über den Zaun eines Vorgartens, voll von gelben Früchten. Sie fassen sich hart und holzig an, trotzdem spüre ich den zarten Geschmack von Quittengelee auf der Zunge. Eigentlich ist es schön, dass ich meine Schritte nicht anderen Schritten anpassen muss, mich ganz meinem eigenen Rhythmus überlassen kann, nicht weitergehen,

nicht reden – und nicht zuhören – muss, wenn ich etwas sehe, was meine Aufmerksamkeit gefangen nimmt. Nach zehn Minuten bin ich im Wald. Der Boden ist feucht, die Septembersonne trocknet den Regen der letzten Tage nicht mehr so schnell auf. In den schmalen Gräben neben den Waldwegen fließen wieder Rinnsale. Im Frühjahr habe ich die Kaulquappen darin beobachtet, im Sommer war alles ausgetrocknet und wie verlassen. Jetzt fließt das Wasser mit leichtem Gluckern, das Gras der Böschung lässt sich willig überfluten, weiche Polster, noch ganz grün. Am Rand wächst Klee. Ich bleibe stehen, geh dann in die Hocke und suche nach einem vierblättrigen Kleeblatt. Ich finde keins. Ich strecke die Hand ins Wasser: kühl, aber nicht eisig.

Ein paar Jogger ziehen an mir vorbei. Neidlos sehe ich ihnen nach. Ich darf heute ganz langsam machen, so langsam wie ich will. Ich darf heute überhaupt machen, was ich will. Es scheint der Nachmittag der einsamen Spaziergänger. Manche haben einen Hund dabei. Sie tauchen auf, kreuzen meinen Weg und verschwinden. Es sind nicht viele, und wie in stiller Übereinkunft grüßt man sich nicht: Störe meine Kreise nicht!

Jetzt kommt das Stück durch den Fichtenwald. Schattig ist es da, fast dunkel, die Fichten mehr schwarz als grün. Natürlich wächst Farn unter den tiefhängenden Zweigen, und alles wird sehr märchenbuchartig. Nur die Zwerge und Schneewittchen fehlen noch. Oder Hänsel und Gretel, die sich im Wald verlaufen. Diese Brotbröckchen, die sie ausstreuten, um den Weg zurück nach Hause zu finden – und wie nutzlos das alles war, weil man ja immer vorwärts muss im Leben und die Märchen auch nichts anderes sagen ...

Beim Gedanken an das ewige Weiterweiter kommt mir die Arbeit in den Sinn. Die Gedanken fangen an, sich festzubeißen und im Kreis zu drehen. Ich versuche, mich auf den Weg zu konzentrieren, auf das Erdbraun des Bodens, das Grau der mit der Erde vermischten Kiesel, meine Schritte. Unter dem Druck der Gedanken bin ich schneller geworden; ich nehme das Tempo wahr – das ist ja geradezu ein Marschschritt geworden! –, lasse es einen Moment dabei und versuche dann wieder langsamer zu gehen. Schräg und diffus fallen die Sonnenstrahlen durch das Laub, malen Kringel und Flecke auf den Boden. Ich beruhige mich. Ich spüre meine Füße auf dem Boden. Der Waldboden trägt mich. Ich atme durch: Eine Zeitlang habe ich nichts mehr gespürt von allem, was da um mich herum ist. Jetzt ist sie wieder da, die federleichte Luft. Da liegt der Weg vor mir, über mir die beschützenden Baumkronen. Versuchsweise breite ich die Arme aus. Ich spüre meine Schulterblätter. Die Arme wie Flügel, die vom Boden abheben wollen.

Ich fühle mich wieder sicher. Ich weiß wieder, was ich will, dass ich eins nach dem andern tun muss, Schritt für Schritt, nicht anders als ich hier laufe. Ich habe jetzt eine Vorstellung davon, wie ich verschiedene Fragen lösen will. Ich bin wieder bei mir – und in der Welt. Eine sonnige Lichtung tut sich vor mir auf. Die letzten Grillen zirpen, das kommt mir unpassend

vor. Grillen, die gehören doch zum Sommer, zur Hitze, zu den warmen Sommernächten ... Im Gras haben die Spinnen ihre Netze gebaut. Fett sitzen sie in der Mitte ihrer hauchfeinen Kunstwerke und warten auf Beute.

Die Waldmäuse sind noch nicht so weit. Ich treffe sie sonst abends, gegen sieben. Jetzt ist es noch zu früh. Später rascheln sie geschäftig am Wegrand, als hätten sie sich miteinander verabredet, alle zur gleichen Zeit, und gucken einen aus ihren blanken, schwarzen Augen an.

Ich stelle mir vor, ich wäre wieder ein Kind, viel kleiner als ich jetzt bin, und sähe das hohe üppige Gras, die von Moos und Baumpilzen überwachsenen Baumstrünke aus einer anderen Perspektive: viel größer und eindrucksvoller, als sie sich aus der Höhe von einem Meter siebzig ausnehmen. Da ist so ein halb verrotteter Baumstamm, rötlich-gelbe Pilze wachsen wie ein zottiger Bart auf der Rinde – hießen sie nicht Ziegenbart? Früher machten wir Sonntagsausflüge in den Taunus und sammelten Pfifferlinge. Abends, wenn wir heimkamen, briet meine Tante Speckwürfel und Zwiebel an, gab die Pfifferlinge dazu und goss mit frischer Sahne auf. Morgen muss ich Pfifferlinge kaufen, und ich werde sie genauso zubereiten, wie meine Tante das damals tat. Herrlich wird das werden.

Und dann kommt das Waldstück, wo ich einmal mit einem Mann übernachtet habe, ja, die ganze Nacht! Aber auch wenn man das nicht gerne zugibt: Ich hatte Angst in dem dunklen, nächtlichen Wald und fand es nur mäßig romantisch. Ein Stündchen hätte genügt, fand ich damals, das weiß ich noch.

Mein Schritt ist wieder locker. Ich bin ganz wach. Ich bin ganz hier, an diesem Ort. Meine Runde, fast ist sie abgeschlossen. Ich trete aus dem Wald heraus. Unten liegt die Stadt, meine Stadt. Ich bin gerne, wo ich bin. Ich bin gerne die, die ich bin. Immer noch scheint die Sonne. Es sind eineinhalb Stunden vergangen, nicht mehr. Stunden, die ich mir selbst geschenkt habe. Ich fühle mich gut. Und ich habe eine Menge Ideen, was ich heute noch alles tun will. Wenn ich nach Hause komme, schiebe ich erstmal das Huhn in den Ofen. Mit den Zwiebeln, den Knoblauchzehen und den Kartoffeln.

Als letztes kommt mir in den Sinn, dass ich einmal, in der dritten Klasse vielleicht, ein Herbstbild gemalt habe. „Baum im Herbst" hieß das Thema. Ich weiß noch, mit welcher Hingabe ich es gemalt habe, wie die grauen Wolkenbahnen, eine düsterer und bedrohlicher als die andere, mich zu überwältigen drohten, wie der Baum mit seinem buntem Herbstlaub vom Wind geschüttelt wurde, dass es mir fast die Luft nahm. Jetzt sind die Blätter hier im Wald noch grün. Nur der Ahorn bekommt braune Flecken und sieht aus, als ob er Akne hätte. Später, wenn es Oktober ist und ein stärkerer Wind und Sturm und Regen aufkommen, werde ich das Bild hervorkramen. Ich habe die Mappe mit den Schulbildern noch.

Dann, wenn es wieder Sonntag ist und ich Zeit für mich habe.

MEIN FAHRRAD UND ICH

Ich bin nicht sehr sportlich, aber ein Fahrrad hatte ich als Kind. Dann hatte ich keines mehr. Bis ich mich daran erinnerte, dass mir einmal ein Fahrrad die Vorstellung unbegrenzter Freiheit vermittelt hat. Da war ich schon erwachsen. Ich war nach einer schlimmen Trennung für ein paar Tage nach Holland gefahren und traf mich dort mit einer guten Freundin bei einem gemeinsamen Freund, dessen altes Bauernhaus beruhigend über die flache Unendlichkeit der Polder schaute, bis zum Kirchturm von Alkmaar.

Wir Frauen liehen uns dort ein Fahrrad, um ans Meer zu fahren, und zum ersten Mal seit Ewigkeiten stieg ich wieder darauf, unsicher, ein bißchen ängstlich, ob ich überhaupt noch würde fahren können.

Ich konnte. So fuhren wir aufs Meer zu. Es blies ein kleiner Wind, und dieses ungeheure Gefühl der Freiheit und Erleichterung überkam mich. Wir lachten und riefen uns zu: Jetzt probieren wir es einhändig. Die Räder wackelten und schwankten, der Wind blies noch immer, und wenn ich mich einmal glücklich gefühlt habe, dann war es in diesem Moment.

Nach diesem Urlaub geriet das Fahrrad wieder in Vergessenheit. Erst, als ich mich Jahre später wieder an diese Fahrradfahrt erinnerte (ich hatte sie wieder einmal nötig), machte ich es: Ich kaufte mir ein Fahrrad, ein schönes, stabiles Fahrrad und übte – mein Bruder assistierte – die ersten Runden vorsichtigerweise ohne Großstadtverkehr auf dem Frankfurter

Hauptfriedhof. Wir drehten ein paar Runden zu Ehren meiner Mutter, die dort begraben liegt, und ich war nicht ganz so glücklich wie damals in Holland, aber doch ziemlich.

Seither fahre ich hier und da Fahrrad. Es ist sozusagen die besondere Ausgabe vom Spazierengehen, ein bisschen aktiver, unternehmungslustiger und neugieriger als das Laufen. Schön, wenn noch jemand mit kommt – Fahrrad fahren macht mir mehr Spass zu zweit als allein.

JOGGEN UND EIN FREIER KOPF

Einige meiner Freundinnen schwören aufs Joggen. Aus verschiedenen Gründen. Die einen sind sportlich und wollen sich regelmäßig der Gesundheit zuliebe auf Touren bringen, die andern haben die Erfahrung gemacht, dass es eines der besten Mittel gegen Depressionen ist. Wer sich nicht zu echter Sportlichkeit aufraffen mag, probiert es also vielleicht beim nächsten seelischen Tief mal aus …

5

Ein Ritual, das nur mir gehört

Jede Frau hat wahrscheinlich ein Ritual, das nur ihr gehört, wie das Geheimfach in einem Schrank oder ein Schmuckkästchen mit einem Andenken, dem sie sich durch ihre Lebensgeschichte verbunden fühlt. Ich meine ein Ritual, das nur für diese Frau eines ist, eine Gewohnheit, die nur ihr zur Gewohnheit geworden ist, Zeit mit sich allein zu verbringen. Das sind oft Rituale, die aus bestimmten Lebensumständen erwachsen und wichtig werden, weil sie etwas von der Einmaligkeit eines Lebens bewahren.

Die Umstände, in denen sie entstehen, sind nicht immer schön und angenehm: Das Ritual diente vielleicht der Bewältigung einer bestimmten Situation, half gegen Einsamkeit und Angst oder dabei, Trauer zu bewältigen, mit Wut umzugehen oder Minderwertigkeitsgefühle vergessen zu machen. Mit der Zeit wird so ein Ritual Teil von uns: erst mit ihm sind wir, was wir sind.

Das Mädchen im Zug

Mein Leben kann ich mir nicht ohne Zug fahren vorstellen. Nein, es geht mir dabei nicht um Reiseziele, es geht nur um das Fahren an sich, um den kleinen Ruck, mit dem der Zug sich in Bewegung setzt und die Bahnhofshalle verlässt; um den Moment, wo er ganz selbstverständlich einem der vielen sich verzweigenden Gleise folgt, an Fahrt zulegt und – am Morgen und am Abend – an den dann erleuchteten Fenstern der Wohnungen vorübergleitet, hinter denen die Menschen frühstücken und sich anziehen, kochen oder Zeitung lesen, traurig, gleichgültig oder glücklich sind.

Beim Zug fahren nehme ich all das wahr und bin doch ganz bei mir, allein mit mir, gleichgültig, wie viele Menschen noch im Abteil sitzen. Ich schaue dann aus dem Fenster, aufmerksam und unaufmerksam zugleich, fast wie in einem Traum, ja, wie in einem Tagtraum ist es, in dem die Realität

noch anwesend und man selbst doch abwesend ist. Die Vororte und Bahn-
höfe, Flüsse und Wälder, Wiesenflächen und umgebaggerten Bauzonen, die
Tunnel und Gleisverzweigungen sind da und doch auch nur Kulisse für die
Gedanken, die wie Wolken durch meinen Kopf ziehen, sich wieder auflösen,
Figuren heraufbeschwören; Geschichten und wieder andere Geschichten.
Die Gedanken kommen aus dem Nichts, als stiegen sie aus dem Morgen-
nebel auf, als lägen sie wie Geister über dem Wasser oder warteten am Fuß
einer Brücke auf mich. Und so verflüchtigen sie sich auch wieder – leicht
und ohne zu Ende gedacht zu sein. Wie der Zug, so sind auch sie in stän-
diger Bewegung. Aber anders als der Zug haben sie kein Ziel, sondern
schweifen, verknüpfen sich und fallen wieder auseinander. Vielleicht gibt
erst der Zug mir die Freiheit, meiner Fantasie und meinen Gefühlen freien
Lauf zu lassen – weil er mich sicher und ohne Umschweife von A nach B
führt, kann ich den unsteten Gaukelbildern meines Kopfes folgen: um 9.17
Uhr oder um 18.35 habe ich wieder festen Boden unter den Füßen.

Die Zeit im Zug ist meine „freie" Zeit. Ich liebe sie. Ich brauche sie. Es
ist die Zeit, die ich zwischen den Orten für mich habe: mein Niemandsland,
in dem ich zu Hause bin wie nirgends sonst. In A gibt es eine Realität, der
ich mich anpassen und gerecht werden muss, und genau so ist es in B – nur
auf meinen Zugfahrten bin ich, schwebend, gleitend frei.

Früher kam mir die Dampflock, die schnaufte, heiser pfiff und Hände und Kleider rußig werden ließ, immer vor wie ein starkes Pferd, das unbeirrt weiß, wohin es soll. Ich wusste damals nicht so recht, wohin ich gehörte, wohin ich vielleicht gewollt hätte. Ich war als Kind im Zug unterwegs zwischen der Welt meiner Mutter und der Welt meines Vaters. Viele Jahre lang. Der Zug war meine Welt. In ihr hatte ich Zeit, Abschied zu nehmen, zu trauern, mich zu sammeln, mich vorzubereiten auf neue Anpassung und die jeweils andere Umgebung, die auf mich wartete. Die größten Anpassungsleistungen meines Lebens habe ich im Zug erbracht. Und gleichzeitig war die Zeit im Zug meine kreative Zeit – nicht verplant, von niemandem andern besetzt und ausgefüllt als von mir. Meine Zeit zu träumen.

Kreative Gedanken, Lösungen für Probleme stellen sich nicht auf Befehl ein und nicht unter Zeitdruck. Sie tauchen aus dem „Nichts", aus dem Unbewussten auf, plötzlich, unvermittelt, oft ohne Zusammenhang zu dem, was wir gerade denken oder wo wir gerade sind. Sie brauchen Raum, absichtslos fließende Zeit. Und sie lieben die Bewegung, gedeihen nicht im Starren, Festen. Plötzlich sind sie da: auf einem Spaziergang, beim Joggen, beim Rad fahren – oder eben auch beim Zug fahren. Bewegung tut also schon deshalb not (und dabei sollte man nicht zuviel nachdenken): um sich zu öffnen für die Einfälle und Eingebungen, die unser Leben bereichern, es lebendig machen, es verändern und in Fluss halten. Nicht jede Frau braucht dazu außerdem noch einen Zug.

6

Wieder unter anderen

Vieles, was ich hier beschrieben habe, lässt sich auch zu zweit oder zu mehreren genießen. Und es ist auch wahr, dass wir uns nur in Kontakt und Beziehung zu anderen wirklich entwickeln können. Menschen sind nun einmal soziale Wesen. Trotzdem braucht es immer wieder auch Zeiten, in denen man mit sich allein sein kann — erst im Wechselspiel zwischen dem Alleinsein und dem Leben mit anderen Menschen entfaltet sich unser ganzes Potenzial. So, wie die Isolationshaft eine Folter ist, ist es auch eine Form der Folter, einen Menschen der Möglichkeit des Alleinseins zu berauben.

Privatsphäre, ein Ort, an den man sich zurückziehen kann, ist genauso notwendig wie der Austausch mit anderen, um mit sich selbst im Gleichgewicht zu bleiben und die eigene Individualität zu entdecken.

In der Zeit, die wir für uns selbst haben, erfahren wir – wenn wir sie bewusst nutzen –, wie reich, widersprüchlich, vielseitig und unerschöpflich wir sind, jede von uns, jede Frau auf ihre Art.

Die Schätze, die wir im Alleinsein aufspüren, können dann entweder durch die Liebe eines andern gehoben werden – oder wir setzen sie in einem kreativen Akt aus uns selbst heraus um.

Wie auch immer: Wenn wir nach ein paar glücklichen Stunden mit uns allein wieder in die Welt der andern eintauchen, sind wir wieder ganz dabei – aufmerksam und offen, zufrieden und im Einklang mit uns selbst.

Der Marion von Schröder Verlag
ist ein Unternehmen der Ullstein Heyne List
GmbH & Co. KG, München

4. Auflage 2003

ISBN 3-547-71357-9